本书受北京市社会科学基金一般项目
"京津冀一体化下的北京市产业升级研究"
（项目编号：14JDJGB008）资助

北京市哲学社会科学
北京产业安全与发展研究基地
Beijing Center for Industrial Security and Development Research

北京交通大学北京产业安全与发展研究基地系列丛书
主编 / 李文兴

中国银行产业升级研究

Research on the Upgrading of China's Banking Industry

段建宇　卜　伟 / 著

社会科学文献出版社
SOCIAL SCIENCES ACADEMIC PRESS(CHINA)

"北京交通大学北京产业安全与发展研究基地系列丛书" 编委会

总　序

　　北京产业安全与发展研究基地（Beijing Center for Industrial Security and Development Research，BCISDR）（以下简称研究基地）于 2010 年 12 月正式成立，是经北京市哲学社会科学规划办公室和北京市教育委员会批准建立的第三批北京市哲学社会科学研究基地之一，依托北京交通大学经济管理学院和中国产业安全研究中心，拥有一支高水平、跨学科的研究团队，具有雄厚的学科基础。北京交通大学产业经济学二级学科是国家重点学科，应用经济学一级学科是北京市重点学科，拥有应用经济学一级学科博士点、应用经济学博士后科研流动站、北京交通大学中国产业安全研究中心博士后科研工作站。

　　研究基地有两个主要研究领域：一是北京市产业安全研究；二是北京市产业发展研究。北京市产业安全研究领域主要包括产业安全理论研究、产业安全评价研究和产业安全预警研究三个研究方向；北京市产业发展研究领域主要包括产业发展理论研究、产业发展战略研究和产业发展政策研究三个研究方向。研究基地充分利用北京市的研究力量和资源优势，以"北京产业安全与发展"为研究重点，以"产业安全评价与产业发展政策"为研究特色，针对北京产业安全与发展中的重大理论和现实问题，持续开展前沿性、专业性、基础性和交叉性研究，旨在为北京市开展产业安全评价工作、及时准确地进行产业安全预警提供理论依据，为北京市及中央政府制定产业政策、防范和控制相关风险提供决策参考。随着京津冀协同发展上升为国家战略，研究基地将针对北京市的相关研究扩展到京津冀范围。

经过 5 年的发展，研究基地承担了一批包括国家社会科学基金重大项目、国家社会科学基金重点项目等高水平项目，获得教育部、北京市及其他省市人文社会科学多项省部级奖励，研究基地专家撰写的多篇研究报告获得国家及北京市领导批示，出版了系列中国产业安全蓝皮书，为全国以及北京市的产业安全与发展提供了有力的理论支撑。

随着成果的增多，研究基地拟将这些成果整理出来，以开放性的丛书形式，本着质量第一的原则，逐本出版。研究基地的目标是打造产业安全与发展研究创新的重镇，切实提升北京市产业安全与发展领域的整体研究实力。"北京交通大学北京产业安全与发展研究基地系列丛书"是向着这个目标前进的一个尝试，希望能够为关心产业安全与发展的社会各界人士提供一些有益的借鉴与参考。

主编 李文兴

前　言

笔者自大学本科毕业以来，长期从事与金融相关的管理工作，攻读博士学位期间的研究方向也以此为主。随着对金融行业的了解和研究工作的深入，认为有必要进一步关注我国银行产业的发展，对其进行持续研究。

在研究过程中，常惊讶于同等投入情况下投资银行业务数十倍于传统银行业务的巨大利润，而在蓬勃发展的中国投资银行市场却鲜见本土投资银行的身影。在深入了解中国银行市场情况的基础上，对比研究国际与中国银行产业的差异后，认为有必要在深入了解中国银行产业发展现状的基础上，找出中国银行产业发展落后的根本原因，现有研究仅运用产业组织理论或金融理论，不足以得出全面的分析结果。在研究过程中，借助学科交叉分析的优势，先后运用产业组织理论、制度经济学及金融创新理论系统分析银行产业，并根据其市场绩效、经营稳健性、盈利能力、经营效率指标及其在储蓄转化为投资过程中所处的位置，创新性地将商业银行所处的发展阶段划分为初级、中级和高级三个发展阶段，得出我国银行产业正处于银行产业中级发展阶段的结论。此外，在银行产业升级和利率市场化的背景下，深入分析中国银行产业的市场结构并进行绩效评价，根据我国银行体系的演进格局和银行产业的发展阶段，从银行产业升级的动因、银行产业升级的影响因素和银行产业升级的路径方面进行研究，以期推动我国银行产业升级，这也是本研究成果的意义所在。

在研究过程中，卜伟教授指导的博士研究生、硕士研究生给予了很大帮助。感谢博士研究生曲彤、易倩、谢臻，硕士研究生陈美池、董肖丹、廉子萱、张鑫鑫、赵远，他们在资料搜集和数据整理方面给予了极大的帮助。特别感谢硕士研究生张美晨，她除了参与以上工作外，还负责本书文字编辑和校对等方面的工作。可以说，如果没有他们的帮助，本书很难在如此短的时间内和读者见面。

道可道，非常道，知行合一。在今后的工作过程中，我们将不断总结思考，进行持续深入的研究，以期对银行产业升级和发展方向有更深入的了解和认识。

段建宇

2016 年 6 月于北京

目　录

第一章 绪论

第一节 研究问题与意义

改革开放以来，我国商业银行规模不断扩大，取得了显著的成绩。随着国内主要商业银行相继进行股份制改造并成功上市，各项业务加速发展，其总资产规模在世界银行同业排名中大幅提升，在 2014 年全球十大银行核心资本实力排名中，我国有 4 家商业银行排名前 10 位，其中中国工商银行和中国建设银行分别排在第 1 位和第 2 位，中国银行和中国农业银行分别排在第 7 位和第 9 位（见图 1 - 1）。根据英国《银行家》杂志网站信息，2013 年 1000 家银行税前利润大增 23％至 9200 亿美元，超过 2007 年排名

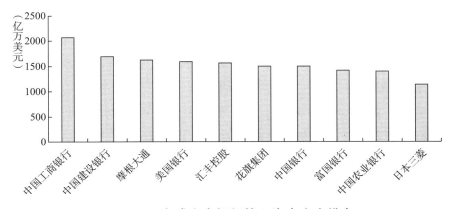

图 1 - 1　全球十大银行核心资本实力排名

资料来源：《银行家》2014 年第 7 期。

的危机前最高值 7860 亿美元, 其中我国银行业利润为 2920 亿美元, 约占全球总利润的 1/3 (见图 1-2)。作为新兴市场国家的代表, 中国银行业快速崛起, 从金融危机前 (2007 年) 的 4% 到 2013 年的 32%, 中国银行业仅用了 6 年时间。

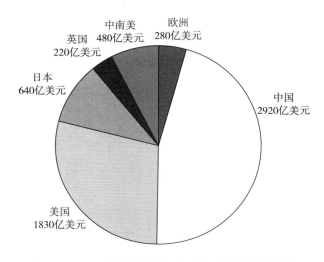

图 1-2　按照区域划分的商业银行税前利润

资料来源:《银行家》2014 年第 7 期。

　　然而, 由于缺乏金融核心技术, 缺少金融综合经营空间, 主要利润来源仍是世界范围内较高的存款与贷款的利息收入差。同时, 我国银行业提供的产品品种单一, 仅限于存款、贷款、汇兑以及少量中间业务等附加值较低的银行传统业务, 非利息收入占比较低 (见表 1-1), 而欧美跨国银行利用金融核心技术向我国金融市场的高端客户提供的一揽子金融服务在中国市场上占据绝对的竞争优势, 且在投资银行的营业收入构成中, 非利息收入占比在 40% 以上 (见表 1-2), 表明我国银行产业与发达国家银行产业整体上存在差距, 处于不同的产业发展阶段。

表 1 - 1　中国商业银行非利息收入和非利息收入占比

单位：百万美元，%

年份	中国工商银行		中国建设银行		中国银行	
	非利息收入	非利息收入占比	非利息收入	非利息收入占比	非利息收入	非利息收入占比
2007	31091	12.17	27245	12.36	31169	16.92
2008	46721	15.08	44381	16.47	56445	25.69
2009	63633	20.56	56863	21.15	64635	28.90
2010	77072	20.24	73457	22.59	72739	27.25
2011	112450	23.66	94012	23.64	91972	28.72
2012	119117	22.18	108953	23.56	99692	27.93

年份	交通银行		中信银行		招商银行	
	非利息收入	非利息收入占比	非利息收入	非利息收入占比	非利息收入	非利息收入占比
2007	8769	13.96	1785	6.39	7172	17.37
2008	11331	14.66	4612	10.99	8268	15.54
2009	14308	17.68	4999	12.20	11127	21.61
2010	18962	18.23	8221	14.59	14318	20.76
2011	24461	19.24	11986	15.55	19991	20.76
2012	27217	18.46	14225	15.86	25059	22.09

资料来源：根据各商业银行公布的季度报告、半年度报告、年度报告相关数据整理得出。

表 1 - 2　美国商业银行非利息收入和非利息收入占比

单位：百万美元，%

年份	美国银行		摩根大通		PNC 金融	
	非利息收入	非利息收入占比	非利息收入	非利息收入占比	非利息收入	非利息收入占比
2007	30041	45.17	45224	63.00	3790	56.53
2008	25075	34.45	28312	42.09	3355	46.74
2009	71831	60.02	59595	53.72	7868	46.50

年份	美国银行		摩根大通		PNC 金融	
	非利息收入	非利息收入占比	非利息收入	非利息收入占比	非利息收入	非利息收入占比
2010	57605	52.19	51930	50.36	5958	39.22
2011	47090	50.36	49575	50.86	5603	39.17
2012	42316	50.50	52332	53.70	5774	37.46

年份	花旗银行		合众银行		富国银行	
	非利息收入	非利息收入占比	非利息收入	非利息收入占比	非利息收入	非利息收入占比
2007	32936	39.75	7172	51.74	17928	45.51
2008	−6860	14.65	6811	46.83	16244	38.77
2009	37245	43.23	8550	50.10	41748	47.07
2010	32984	37.64	8451	46.87	39946	46.88
2011	29414	37.78	8795	46.87	37691	46.56
2012	28663	37.58	9393	46.64	42428	49.24

资料来源：根据各商业银行公布的季度报告、半年度报告、年度报告相关数据整理而成。

自新中国成立以来，经过60多年的发展，我国在建立中央银行制度的同时，通过"存量改革"和"增量导入"两条途径，打破了"大一统"的银行组织体系，实现了中国银行业由垄断走向竞争、由单一走向多元、由封闭走向开放、由功能狭窄走向健全完善的转变，建立起了以中国人民银行为中央银行、以商业银行为主体、以股份制商业银行为生长点、中资和外资商业银行并存发展的银行组织体系。金融制度变革也由粗放混业经营转变为现在的"严格"分业经营。然而，在经济新常态的背景下，银行产业正面临国际化业务趋势明显、综合化经营加速以及"跨界＋竞争合作"的新机遇，如何抓住契机实现我国银行产业转型升级是本书研究的主要问题，具体包括以下三个方面。

（1）分析我国银行产业所处的发展阶段并进行定位。西方发达国家的金融监管政策经历了粗放式混业—严格分业—混业监管三个阶段的变化，其银行产业也随之经历了初级、中级、高级三个发展阶段的演进。对发达国家银行产业三个发展阶段的具体特征进行分析，与我国商业银行的发展进行对比，从而得出我国商业银行的发展在哪些方面存在不足。

（2）分析我国银行产业升级的必要性。从国际上看，随着经济全球化程度的不断加深，我国企业尤其是跨国企业对综合金融服务的客观需求不断增长，而国内大部分商业银行的主体业务是存款、贷款和清算等传统业务，外资银行则能够通过其综合经营的母公司，为企业提供综合金融服务。从国内看，利率市场化改革缩小了存贷利差，同时也缩小了银行产业的盈利空间。以上事实对我国银行产业分业经营体制提出了挑战，要求我国银行产业加快升级进程，打破分业经营的界限。

（3）分析如何选择我国银行产业升级的具体路径。我国银行产业的改革作为一种制度变迁，是国家行政意志的体现，是国家自上而下的推动，这表明我国银行产业升级路径高度依赖金融管制等正式规则的变迁，以及中央政府如何通过放宽银行产业金融综合经营、改善商业银行公司治理等来实现银行产业升级。

本书研究的总体目标是确定我国银行产业升级的具体路径、影响因素并提出对策建议，主要通过以下具体目标来实现。

（1）确定我国银行产业发展阶段以及每个发展阶段的具体特征。

（2）确定我国银行产业升级的必要性与动因。

（3）确定我国银行产业升级的具体路径。

（4）确定我国银行产业升级的影响因素。

（5）提出我国银行产业升级的对策建议。

自加入 WTO 以来，我国商业银行的外部环境发生了重大变化。根据加入 WTO 的承诺，2006 年 12 月 11 日以后，我国商业银行全面取消外资银行经营人民币的地区和业务限制。随着大量外资银行的进驻，中国市场上银行业的竞争日益激烈，银行体系的效率和稳定性将受到严峻挑战。我国商业银行在业务流程设计、产品服务、经营模式等方面与外资银行存在较大差距。与此同时，我国商业银行面临的内部环境也发生了变化。近 10 年来，我国商业银行在体制改革、稳健经营和审慎监管方面取得了巨大进步。但是，现阶段我国经济正步入高速增长的"新常态"，随着利率市场化的加速推进、制度改革的逐渐深入以及互联网金融的不断冲击，商业银行传统的主要依靠存贷差的盈利模式正面临越来越大的挑战，迫使商业银行迅速转型，寻求新的盈利增长点。

党的十八届五中全会通过的"十三五"规划建设提出，要加快金融体制改革，提高金融服务实体经济效率，这表明未来银行产业发展将呈现新的趋势。金融机构间的竞争壁垒逐渐被打破，国内大型商业银行开始朝综合化经营迈进，为客户提供综合金融服务（张玉柯、史俊仙，2012）。如何在严峻的内外部环境中调整管理模式、优化业务流程、升级产品和服务，是商业银行共同面对的课题。本书通过对中外银行产业发展经验进行比较，研究我国银行产业升级的路径，以期为我国银行业转型发展提供一定的政策建议。

第二节　概念框架

产业升级理论主要存在"产业结构调整"和"价值链升级"两种研究认识和研究思路。关于产业结构调整的相关理论在我国使用时间长、范围广，在研究视角上，该理论主要针对一国（地区）整体而言，其测度较为直观，且利于政府干预管理。在经济增长初期，主要依靠资本与劳动力要素的投入实现经济增长，在追求经济增长与初步工业化的过程中，开始关注产业结构的变化，要求实现"工业比重""机电产品比重""高新技术产品比重"等指标，符合古典增长理论的"索洛模型"。而价值链升级的相关理论则侧重通过企业的技术和管理创新实现价值创造程度的升级，即强调技术进步的"内生"性经济增长，对于不同行业、不同区域，价值链升级模式中的产品升级和功能升级的选择存在差异。为此，本书在研究商业银行产业升级时，将选用价值链升级的相关理论进行研究。

现有关于价值链升级的相关理论大多用来分析制造业。Humphrey和Schmitz（2002）将价值链升级模式分为四种，即工艺升级、产品升级、功能升级和跨产业升级。其中，工艺升级是指通过对工艺、生产流程的改造以提高生产效率；产品升级是指引进新产品或改进已有产品；功能升级是指重新组合价值链中的环节如增加设计或营销环节来获取竞争优势；跨产业升级是指将企业从一个特定产业环节中获得的能力应用到新的产业领域或转向一个新全球价值链。该理论还认为，升级一般是遵循从工艺升级到产品升级，再到功能升级，最后到跨产业升级这样一个渐进过程，但是当技术出现突破性创新时，升级轨迹可能突破常规方式。

价值链理论也可以用来分析商业银行产业。商业银行产业存在内部价值链和外部价值链，内部价值链主要是企业为客户创造价值的活动载体，包括资金筹措、资金运作、风险管理、金融影响和金融服务等基本价值活动以及协助基本价值活动完成价值增值过程的辅助价值活动；外部价值链主要包括由央行、清算中心、资本市场、电子市场和其他商业银行组成的复杂的多价值系统以及与银行价值链产生关联的所有外部企业。我国商业银行产业现阶段处于价值链低端，即制造金融阶段，主要生产流动资金贷款、固定资产贷款等产品，在交易金融和市场金融等高端价值链环节有所不足。在分析商业银行产业价值链升级时，一方面可以通过混业经营的模式实现工艺流程升级，降低不同业务之间的交易成本；另一方面可以通过金融创新，依托市场需求，不断革新现有的金融工具和金融体制，实现金融产品从低附加值向高附加值的转变，最终实现商业银行产业升级。

第三节　研究方法

一　比较研究法

综合考虑银行绩效评价的营利性、安全性和发展潜力，对国内与国际银行绩效进行比较。选取世界前 30 家银行与我国前 30 家银行为样本，根据数据的可获得性以及国际国内的可比性，选取资产收益率、资本收益率、成本收入比三项指标来衡量营利性，选取资本充足率和不良贷款率来衡量安全性，选取存贷款比率来衡量发展潜力。首先，运用描述统计学方法对比分析全球及国内前 30 大银行某项指标 2006 年末和 2013 年末的均值，并给出 2013 年末全球前 30 大银行该项指标的大小，从直观上了解国内银行与国际银行在该项指标上的差异；其次，对国内银行和国际银行的该项指标进行 Kruskal-Wallis H 检验，进一步分析国内国际银行该项指标的差异是否显著。

二　因子分析法

通过因子分析法对银行绩效进行测定与分析。采用我国 14 家主要商业银行 2008 ~ 2013 年的相关数据，选取营利性指标、安全性指标、流动性指标、规模指标和发展能力指标来构建商业银行绩效评价指标体系，并且从大型商业银行和股份制商业银行两个层次进行绩效评价。首先，确认标准化后的数据适合进行因子分析。用 SPSS 20.0 软件对标准化后的数据进行因子分析，KMO 值为 0.736（ >0.5），且 Bartlett's Test 的相伴概率值为 0，表明适合做因子分析，按照特征值大于 1 的原则，提取 5 个公共因子 F_1、F_2、F_3、F_4、F_5，5 个公共因子的累计方差贡献率为 79.973%，表明提取了 13 个原始变量大部分的信息；其次，为了得到经济含义更清晰的因子，用最大方差法进行因子旋转，得到旋转后的因子载荷阵，根据公共因子在不同指标上载荷的大小对其进行命名，将 F_1 命名为规模因子，F_2 命名为成长因子，F_3 命名为安全因子，F_4 命名为盈利因子，F_5 命名为流动因子；再次，计算商业银行绩效的综合评价指标 F，即综合得分，在 SPSS 20.0 运行过程中可以得到因子得分系数矩阵，以各因子的方差贡献率占提取的总方差贡献率的比重为权重，对各因子得分进行加权平均即可得到综合得分；最后，对样本银行依据各因子得分及综合得分进行排名，从银行个体角度对其绩效进行静态分析。

三 面板数据回归分析法

通过面板数据回归分析法，从宏观和微观两个层面对影响我国银行产业升级的因素进行实证分析。面板数据是时间序列和截面数据的混合，是指对一组个体（如公司等）连续观察多次得到的资料。与时间序列和截面数据相比较，面板数据在以下几个方面存在优势。①可以解决遗漏变量问题，即由不可观测的个体差异或"异质性"所造成，当个体差异"不随时间而改变"时，面板数据可以解决遗漏变量问题。②提供更多个体动态行为的信息。由于面板数据同时有截面与时间两个维度，有时可以解决时间序列与截面数据无法解决的问题。③样本容量较大，可以提高估计的精确度。

首先，确定面板数据模型的具体形式。通过 F 检验来判断是否存在组间效应，若不存在，则选用混合回归模型；若存在，则通过 Hausman 检验来确定采用个体固定效应模型还是随机效应模型。其次，对收集到的面板数据进行逐步回归，不断剔除不显著的变量，导出相关结果。最后，进行稳健型检验。剔除掉分布在 5% 以下和 95% 以上的极端数据，然后用剩余的数据再进行逐步回归，得到的结果与之前的基本一致。

第四节 创新点

本书的创新点主要有以下三个方面。

（1）现有研究运用产业组织理论对我国银行产业进行研究，选取存款、贷款市场占有率指标，运用 SCP 范式分析银行业市场集中率对市场绩效的影响。但是，新产业组织理论表明，市场集中率并不是决定市场结构的唯一条件。为此，本书选取市场份额、市场集中率、产品差异化和市场进出壁垒等影响市场结构的因素，通过对各个因素进行分析来研究我国商业银行业的市场结构，以准确把握我国商业银行产业的市场结构类型，为分析商业银行业对不同区域经济增长的影响奠定基础。

（2）在构建商业银行绩效评价指标体系时，以往研究主要有三种方法：第一种是构建财务指标评价体系，主要侧重于商业银行财务指标；第二种是构建非财务指标评价体系，侧重于商业银行价值等定性指标；第三种是构建综合指标评价体系，以财务指标为主、非财务指标为辅。以上方法在评价商业银行绩效时各有侧重点，但是财务指标评价本身没有考虑银行资金所承担的风险等方面，容易导致经营管理者过度扩张或参与高风险业务等短期行为，为了较为全面地评价商业银行绩效，本书综合考虑商业银行的营利性、安全性、流动性、规模及发展能力五个方面，构建商业银行绩效评价指标体系，使得不同利益相关主体在同一评价框架内，确保评价结果严谨客观，为实现商业银行产业升级提供研究依据。

（3）已有对产业升级影响因素的研究主要集中在制造业和服务业中的旅游产业和文化产业，很少研究银行产业升级。首先，基于产业升级和银行产业的相关研究，提出银行产业升级的内涵，即银行产业升级是指商业银行通过优化组合生产要素、增加服务、金融创新和混业经营，从而提高其管理水平、服务质量、技术水平和运营能力的过程，包括工艺流程升级、产品升级、功能升级和链条升级。其次，结合银行业发展特点，将影响产业升级的因素分为两类：一类是宏观因素，包括经济环境、产业环境和法律环境；另一类是微观因素，包括银行股权结构、创新能力和风险管理。最后，运用面板数据回归分析法进行分析。

第五节　本书其余部分的结构
安排与主要内容

本书共分七章。其余部分的结构安排与主要内容如下。

第二章，文献综述。主要围绕银行产业升级的理论基础，从影响商业银行绩效的因素、银行业的国际比较、混业经营、产业升级的内涵及形式、产业升级的动因、产业升级的路径、产业升级的对策建议及银行产业升级八个方面的国内外文献进行综述。

第三章，中国银行体系与阶段划分。对我国商业银行体系的演进进行整理，针对银行体系在不同时期表现出的特点进行分析，并对商业银行的格局和特点进行总结，为更好地理解我国目前银行业发展现状提供了参考依据。

第四章，中国商业银行业的市场结构与市场绩效。首先，基于新产业组织理论，结合银行产业发展特点，得出决定银行业市场结构的主要因素有市场份额、市场集中率、产品差异化和市场进出壁垒。同时，以我国商业银行为研究对象，通过对各个因素的分析来研究中国商业银行业的市场结构。其次，综合考虑银行绩效评价的营利性、安全性和流动性，采用因子分析法，对国内与国际银行绩效进行比较。最后，根据我国商业银行业的市场结构，以及国内与国际银行在市场绩效方面的差异，提出促进我国商业银行业发展的对策建议。

第五章，中国银行产业升级的动因。主要论述我国银行产业升级的外在动因和内在动因。外在动因是商业银行业所处的环境以及面临的挑战，主要包括外资银行进入、全能银行趋势、金融危机影响以及互联网金融等方面；内在动因从银行业自身发展状况出发，主要包括资本约束的压力、风险叠加的压力、规模经济的需要以及增强竞争力的要求。

第六章，中国银行产业升级的测度及其影响因素。首先，明确中国银行产业升级的定义及测度方法；其次，根据以往研究，并结合银行产业的特点，将影响银行产业升级的因素分为两大类，即宏观因素和微观因素，前者包括经济环境、产业环境和法律环境，后者包括银行股权结构、创新能力和风险管理，选取主要的 14 家商业银行 2000~2013 年的面板数据进行逐步回归，对我国商业银行产业升级的因素进行实证分析。

第七章，银行产业升级的历程与路径。首先，根据不同国家银行产业不同时期的特点，对美、德、日等发达国家银行业发展历程与升级路径进行对比分析，为探索符合我国国情的银行产业升级路径提供经验借鉴；其次，对我国银行业的发展历程进行分析；最后，结合我国银行业发展特点，以及目前银行业所处的内外环境，提出我国商业银行应加快转型升级步伐，转变发展模式，加快业务创新，提升服务质量，加大监管力度，通过金融创新提升商业银行的竞争能力。

本书的内容框架见图 1-3。

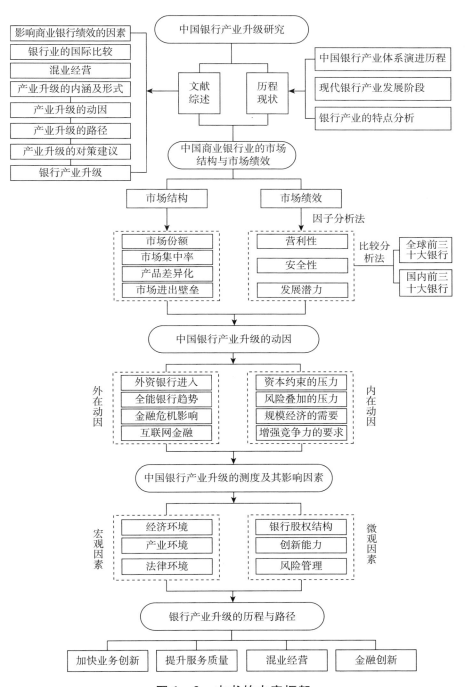

图 1-3 本书的内容框架

第二章　文献综述

本章导读： 众多学者对银行产业升级进行了深入有益的研究，本章从影响商业银行绩效的因素、银行业的国际比较、混业经营、产业升级的内涵及形式、产业升级的动因、产业升级的路径、产业升级的对策建议及银行产业升级八个方面对国内外文献进行综述，了解银行产业升级研究现状，为后续研究打下基础。

第一节　影响商业银行绩效的因素

影响商业银行绩效的因素包括非利息收入和混业经营两方面的因素。

一　非利息收入对商业银行绩效的影响

关于非利息收入与商业银行绩效关系的研究并未得出一致的结论。盛虎和王冰（2008）采用我国 14 家上市商业银行 2003 ~ 2007 年披露的年报数据对商业银行非利息收入进行研究，结果表明提高非利息收入的比重有利于提高商业银行的绩效。而魏世杰等（2010）利用 2003 ~ 2007 年我国 40 家商业银行非利息收入与银行资产收益率数据研究银行非利息收入与银行绩效之间的关系，发现非利息收入占银行营业收益份额的增加与银行绩效存在负相关关系，进一步细分后发现，佣金和手续费收入份额的增加有利于提高银行绩效，但是投资收入份额的增加则会降低银行绩效。Stiroh 和 Rumble（2006）利用美国金融控股公司的数据进行研究，结果表明非利息收入波动性较大并且营利性比信贷收入差，而非利息业务成本的增加能够抵消分散带来的好处，从而认为非利息份额的增加不能提高银行的盈利能力。Lepetit 等（2008）通过研究发现银行规模以及非利息收入类型都会影响非利息收入和银行盈利能力之间的关系。王菁和周好文（2008）以我国12 家商业银行 1999～2006 年的数据为样本进行研究，发现非利息收入与股权收益率、资本收益率之间存在显著且稳定的负相关关系。

二 混业经营对商业银行绩效的影响

关于混业经营与商业银行绩效关系的研究，依据所采用的数据和方法的不同也表现出不同的结果。Aggeler 和 Feldman（1998）认为商业银行综合经营可以改善单一收入结构，丰富银行收入来源，提高银行经营绩效。Allen 和 Jagtiani（2000）通过模拟一家全能型银行来检验其进入证券和保险行业的风险，结果表明银行控股公司在从事证券和保险业务后总体风险有所下降。Lang 和 Welzel（1996）以德国的全能银行为研究对象，研究结果表明全能银行业绩的提高主要源于新业务部门收入的增长。周开国和李琳（2011）根据资产组合理论对银行风险进行分解，以分析商业银行收入多元化与银行风险之间的关系，结果表明我国商业银行收入结构多元化与风险之间的关系不显著，风险的降低主要来源于利息收入波动风险的减小。薛超和李政（2014）对我国 81 家城市商业银行 2002～2011 年的数据进行分析发现，多元化经营不能改善城市商业银行的经营绩效，增加传统存贷款业务能够提高经营绩效，而非传统业务则会降低经营绩效。引入规模因素后发现，规模越大的城市商业银行，多元化经营和非传统业务对其经营绩效的不利影响越小。李梦雨（2014）对国外全能银行与金融控股公司两种综合经营模式对银行绩效的影响机制进行总结，利用我国 50 家商业银行 2005～2012 年的面板数据研究综合经营与商业银行绩效的关系，结果表明多元化战略有利于管理水平和盈利能力的改善，但与资本充足率、资产质量和流动性呈显著负相关。

第二节 银行业的国际比较

每个国家金融业经营模式的变迁可能会因各国经济背景、政策等的不同而有很大差异。陈柳钦（2005）指出在现代市场经济国家金融业的发展历程中主要有两种经营模式：一种是以德国为代表的综合银行模式——两业（银行业和证券业）始终融合在一起；另一种是以美国、日本为代表的混业经营—分业经营—混业经营模式。当然，在现实中还有很多不同的发展历程。舒志军（1999）比较分析了英国金融集团与德国金融集团的形成过程与发展状况，认为金融控股公司是我国银行产业升级的可行路径。德国和英国金融业在混业经营的发展历程、组织形式和监管模式等诸多方面，既有相同之处，也有很大不同（杜莉、高振勇，2007）。杜莉、高振勇（2007）指出混业经营是中国金融产业未来的发展方向，而金融控股公司模式是中国金融混业经营的现实模式，与此相适应，中国金融监管也必须逐步从分业监管模式过渡到统一监管模式。

刘红波（2004）认为绝大部分国家金融业最初的自然发展状态是一种混业状态，从此走上一条"混业经营—分业经营—混业经营"的发展道路。同时，强调中国金融业应借鉴国外经验，通过建立金融控股公司来实现我国向混业经营的平稳过渡。陆晓明（2005）以美国花旗集团出售其旅行者人寿保险业务的举动为切入点，分析评估了美国1999年《金融服务现代化法案》的作用和效果，认为其目标是成为一个更加集中于核心业务、更加具有竞争性、更加能够满足客户需求和确保股东价格最大化的金融集团，给出了整个银行业发展方向分析的经典注解。

第三节　混业经营

我国加入 WTO 后，将逐步对外资银行开放人民币业务，在华外资银行享受国民待遇，中资银行原有市场准入方面的优势不再存在，这意味着中资银行和外资银行进入全面竞争时代，加速了国内金融体系的国际化发展。现关于混业经营的研究主要集中在以下四个方面。

一　中国混业经营模式的选择问题

西方银行业混业经营主要有三种模式，即以德国为代表的全能银行模式，以英国、日本为代表的单一金融机构控股模式和以美国为代表的纯粹的金融控股模式（张鸿飞，2011）。关于我国金融业选择何种经营模式，众多学者进行了相关研究。李世银（2009）认为三种混业经营模式中全能银行的经济效应最明显，就规模经济和范围经济而言，该模式可以将金融业务完全整合，具有开放性和自由性；就系统风险而言，全能银行的业务多样化有利于降低经营成本，分散内部风险，从而使金融体系的整体风险得以降低。基于对金融业三种具有代表性的经营模式的分析，李世银（2009）认为我国的混业经营应以商业银行为主导的单一金融机构控股公司模式为主。张鸿飞（2011）则认为美国的金融控股公司是现阶段适合我国各类型银行的最优化选择。

二　混业经营与金融监管

现阶段我国金融系统已经形成了如光大、中信、平安等以金融控股公司形式实践混业经营的金融集团，对于如何实现混业经营下的金融监管，现有文献主要从以下方面进行研究。张强（2003）认为，为解决金融集团混业经营所带来的内部交易问题，降低隔离风险，金融监管应该通过建立"防火墙"制度，来约束集团成员间的内部交易，控制风险在各金融分支行业之间相互传递。赵善华（2009）以分业经营向混业经营转变条件下的金融监管机制为研究对象，阐述了金融监管的理论基础，从金融监管理念、金融监管模式和金融监管方式等方面探讨了金融监管机制的策略选择。高秦伟（2007）依据我国金融业混业经营的趋势以及国外的经验，认为实现规制合理化是监管部门研究的重点，在监管体制改革方面，应由机构监管转向功能监管。张伟和刘志荣（2008）对美国 1999 年金融监管模式改革前后的金融监管效率进行了比较分析，认为我国可以借鉴美国经验，建立一个由分业监管向统一监管过渡的监管模式。索红（2012）根据我国现阶段的具体国情以及混业经营和金融监管的实际情况，借鉴国际金融监管模式变迁的经验，认为我国未来金融监管模式分为短期、中期和长期三个阶段。

三 混业经营与金融业系统性风险

关于混业经营与金融业系统性风险关系的主要观点有以下两种。一种观点是混业经营会加剧金融业系统风险。Arthur 和 Wilmarth（2005）对美国发展金融集团所存在的风险进行分析，认为发展金融集团会使信用风险和市场风险进一步集中，而现行监管不足以控制非理性行为，会加剧系统性风险。De Young 和 Roland（2001）发现混业金融机构的尾部贝塔值较高，这表明这些机构会产生更多的系统性风险。刘毅和于薇（2010）认为，美国次贷危机表明混业经营的快速推进提高了金融体系的风险传染性和脆弱性。彭建刚等（2014）使用 HHI 指数代表混业经营程度，用 MES 方法测算系统性风险，对混业经营与金融业系统性风险进行实证分析，结果表明金融机构混业经营对系统性风险的影响存在 U 形关系。另一种观点是混业经营可以分散金融机构的风险，从而降低产生系统性风险的概率。Saunders 和 Walter（1994）发现银行业务扩张，如经营保险和证券业务，可以降低风险。Kwan 和 Laderman（1999）通过实证验证了商业银行涉及证券业务以及金融集团公司持有证券、保险等公司的股份可以显著降低银行风险。陈雨露和马勇（2008）选取 61 个主要国家和地区的金融相关数据，对混业经营与金融体系稳定性进行研究，发现国家对银行混业经营的限制越少，该国的金融体系越趋于稳定，发生银行危机的概率也就越小。

四 混业经营的理论基础

金融业混业经营的理论主要有以下三种：多元化经营理论、金融资产同质性理论和金融才能理论。①多元化经营理论是最早为金融混业提供理论支撑的基础理论。Hill 等（1992）通过实证分析，验证了绩效不是源自企业制定的多元化策略，而是决定于企业战略与内部组织安排的匹配程度。将多元化理论应用于金融企业的研究，目前还没有得出具有一致性的结论。Berger 和 Humphrey（1994）的实证分析表明，银行业的范围效率很低，生产多样化的产品最多可以使成本降低 5%，对收益的影响不明显。Saunders 和 Walter（1994）运用美国最大的金融服务机构 1984～1988 年的股本收益数据，构建了全能银行的综合风险公式，结果表明证券经纪和承销是风险最大的业务，商业银行和证券业务的混业显示出较高的风险水平。Berghe 和 Verweire（1998）构建了金融混业集团控制结构的分析框架，基于该框架，利用欧洲国家金融混业集团、银行和保险公司 1991～1995 年的相关数据进行计量分析，结果表明多元化程度的提高降低了资本收益率，不利于业绩的进一步提升。不同类型的多元化产生的协同效应随行业、企业治理结构、经理人员对战略的控制力以及协同效应类型的不同而对混业业绩产生不同程度的影响。②金融资产同质性理论。王常柏和纪敏（2002）从金融资产同质性的角度出发对金融全能化、混业经营趋势给出了一个理论解释，认为金融资产的同质性和资产专用性相对应。资产的同质性越强，变更经营领域的成本就越低，金融行业中的资产具有较高的同质性，因此经营更多的金融业务就具有规模经济和范围经济效应，这也是金融集团的主要效率来源。同时，他们还认为，金融资产的同质性不仅推动了全能化趋势，而且导致流动性风险和利益冲突等不利于社会的后果。金融资产同质性程度越高，流动性越强，就越会导致"大而易倒"的结果。③金融才能理论。秦力（2002）基于能力理论提出了"金融才能观"这一新框架来解释金融的混业和全能化趋势。该理论以金融才能为基础概念，将金融控股公司的发展归结为能力的不断积累和拓展。所谓金融才能，就是金融中介具有的知识和技能的集合，其核心能力是风险和收益的匹配能力，第二能力是金融中介向外传递所具有的风险收益匹配能力，金融全能化和集团化实际上是在金融需求的推动下，金融中介能力不断成长和积累的外部表现。

第四节　产业升级的内涵及形式

一　产业升级与产业结构升级

产业升级一直是经济学的研究重点，但对于产业升级内涵的理解，仍然存在大量分歧。国内最早研究产业升级的学者吴崇伯（1988）认为产业升级就是产业结构的升级换代，产业升级的中心是推动产业结构由劳动和资源密集型产业转向资本和技术密集型产业。徐东华（1999）认为产业升级是产业结构整体质的变化。高燕（2006）认为产业升级通常表现为一定时期内产业结构的变动和产业结构效益的提高。张耀辉（2002）认为产业升级就是高附加值产业替代低附加值产业的过程，强调了创新和要素升级的重要性。以上学者的研究将产业升级等同于产业结构升级，即国民经济由低附加值的劳动密集型产业不断向高附加值的资本和技术密集型产业转移，从而实现产业结构合理化和动态优化的过程。而随着对产业升级研究的不断深入，一些学者也开始区分产业升级和产业结构升级。刘志彪

（2000）认为产业升级是指产业由低技术水平、低附加值状态向高技术水平、高附加值状态的演变趋势，它包括两种形态的资源配置趋势：一是在等量资本取得等量利润的导向下，资源在国民经济各产业之间的移动；二是在竞争导向下，资源在同一产业内部从低效率企业向高效率企业的移动。前者是产业结构升级，后者则是产业内升级。姜泽华和白艳（2006）认为产业升级和产业结构升级有着不同的内涵，产业升级的内涵是单个产业形成、发展和衰退的过程，产业结构升级的内涵是产业结构不断从低级形态向高级形态转变的过程或趋势。产业升级是产业结构升级的基础，产业结构升级是产业升级的必然结果。李江涛和孟元博（2008）认为产业升级是一个比产业结构升级更高层次的概念，即产业升级包括两个不同升级方向的、并列的产业发展内容——产业结构升级和产业深化发展，前者反映了国民经济中不同性质产业的时空布局，后者反映了同一性质产业在不同时空下的存在状态。这一表述说明了两者的关系，认为产业结构升级只是产业升级的一部分。李晓阳等（2010）认为产业升级是指产业结构的改善和产业素质与效率的提高。宏观上表现为产业结构的改善，实现产业的协调发展和结构的优化；微观上表现为产业素质与效率的提高，即生产要素的优化组合以及技术水平、管理水平和产品质量的提高。上述学者的研究表明，产业升级可分为产业间升级和产业内升级两种，前者即为产业结构升级，后者则是指某个产业内部的升级，主要表现为产业内生产要素的优化组合、技术和管理水平的提升、产品质量的提高等。

二 价值链升级

随着我国越来越多地参与国际分工，基于全球价值链视角的产业升级研究丰富了产业升级研究和探讨的内容，直到 20 世纪 90 年代，产业升级才被引入全球价值链的分析中。波特（2002）认为产业升级就是当资本相对于劳动力和其他资源禀赋更加充裕时，国家在资本和技术密集型产业中发展比较优势。Gereffi（1999）认为产业升级是一个企业或经济体迈向更具获利能力的资本和技术密集型经济领域的过程。Poon（2004）认为产业升级就是制造商从生产劳动密集型低价值产品向生产更高价值的资本或技术密集型产品的经济角色转移过程。可以看出，学者们的研究既有宏观层面，也有微观层面。总的来说，产业升级就是产业由低技术水平、低附加值状态向高技术水平、高附加值状态演变的过程。此外，不少学者对产业升级的形式进行了研究。Gereffi（1999）将产业升级分为四个层次：一是在产品层次上的升级，即从简单到复杂的同类型产品；二是在经济活动层次上的升级，包括不断提升的设计、生产和营销能力；三是在部门内层次上的升级，如从最终环节的制造到更高价值产品和服务的生产，也包括供应链的前向和后向联系；四是在部门间层次上的升级，即从低价值、劳动密集型产业到资本和技术密集型产业。Ernst（2000）将产业升级方式细分为五种：①产业间升级，即在产业层级中从低附加值产业（如轻工业）向高附加值产业（如重工业和高技术产业）的移动；②要素间升级，即在生产要素层级中从"禀赋资产"或"自然资本"向"创造资产"，也就是物质资本、人力资本和社会资本移动；③需求升级，即在消费层级中从必需品向便利品，继而是奢侈品移动；④功能升级，即在价值链层级中，从销售、分配向最终的组装、测试、零部件制造、产品开发和系统整合移动；⑤链接上的升级，即在前后链接的层级中，从有形的商品类生产投入无形的、知识密集的支持性服务。第一种方式为产业间升级，后四种方式属于产业内升级。在这些基础上，Humphrey和Schmitz（2002）明确提出了一种以企业为中心、由低级到高级的四层次升级分类方法：一是流程升级，即通过重组生产系统或引入高级技术将投入转化为产出；二是产品升级，即根据单位增加值转向更高端生产线；三是功能升级，即获得链上新的、更好的功能，如设计和营销，或放弃现有的低附加值功能而致力于附加值更高的环节；四是部门间升级，即把从一个特定环节中获得的能力应用于新的领域或转向一个新的全球价值链，也称链升级。其中，前三种方式属于产业内升级，最后一种方式属于产业间升级。

西方对产业升级研究的视角较为微观，其实质是直接将企业的生产能力以及竞争力的提高视为产业升级的本源。因此，从全球价值链的理论来看，产业升级就直接表现为企业在一个全球价值链中顺着价值阶梯逐步提升的过程（张向阳、朱有为，2005）。国内学者也对全球价值链视角下的中国产业升级问题进行了大量研究。潘悦（2002）认为在产业全球化背景下，产业结构调整与升级的概念也发生了变化。产业结构调整与升级不再仅仅是简单地由劳动密集型产业向资本密集型、技术密集型产业的升级转换，还包含由同一产业内部的劳动密集型环节向资本密集型和技术密集型环节的升级转换。张辉（2004）认为产业升级一般都遵循工艺流程升级—产品升级—产业功能升级—链条升级的规律。产业升级的不断深化，也是参与价值链中实体经济活动的环节变得越来越稀少的一个过程，这从一个侧面说明了全球产业转移实际上是高低不同附加值的价值环节在空间上的一次优化调整和再配置。隆国强（2007）认为由于全球产业价值链的形成，后起国家产业升级变为三个方向：一是继续像以往那样从劳动密集型产业向资本和技术密集型产业的产业间升级；二是沿着全球产业价值链从劳动密集的价值环节向资本与技术密集的价值环节提升；三是沿着全球产业价值链从劳动密集的价值环节向信息与管理密集的价值环节提升。

一些学者还从比较优势的角度来研究产业升级。张其仔（2008）通过比较优势演化理论分析发现，产业升级不一定是线性的，产业在升级的过程中可能发生分岔。直至目前，中国的产业升级仍没有由分岔式升级收敛到线性升级阶段。中国现阶段仍要实施产业间升级优先分岔战略，其重点仍在于产业间升级，通过产业间升级带动产业内升级。朱卫平和陈林（2011）认为产业升级的内涵是：要素禀赋资源比较优势从土地、劳动力等低端要素发展到资本、技术等高端要素的动态转化促使新兴主导产业不断涌现，迫使旧主导产业进行技术、组织形式、产品升级，这个周而复始、由低至高的产业素质、技术进步和产业结构提升的动态过程就是所谓的"产业升级"。从上面的研究可以看出，虽然学者们对产业升级内涵的理解有所不同，但都认为技术创新、要素升级、国际分工地位的提高对产业升级起着决定性的作用。

第五节　产业升级的动因

刘志彪（2000）阐述了制度经济学这一学派的观点：仅仅用需求的收入弹性和生产率差异去解释产业升级的动因，不仅浮于表面，而且忽视了为获取贸易利益而在劳动分工方面所付出的代价，即忽视了交易费用随劳动分工的扩大所呈现的指数化增长趋势。通过对产业结构的演变过程进行阐述，他从制度经济学理论出发，提出产业升级的动因是知识资本和人力资本被大量引进商品生产过程的观点。马健（2005）则认为关于产业升级动因的需求收入弹性说、生产率上升说、制度经济学说等理论可以较好地解释传统工业化条件下的产业结构演变规律，然而对信息化条件下产业升级的动因却无能为力。他认为模仿行为的相关理论和观点可以解释信息化条件下产业升级的动因，即信息技术会同时在某一产业内的企业间模仿扩散和在产业间模仿扩散而实现融合，从而通过降低交易成本、节约生产环节成本和提高信息传递与利用效率来推动产业升级。

第六节　产业升级的路径

部分研究从企业或单个产业层面提出产业升级的路径，也有部分研究从区域或国家层面提出。总的来说，企业或产业层面的升级路径研究主要侧重于技术创新战略路径，而区域或国家层面的升级路径研究更加关注构建国内价值链的区域发展路径。已有研究中的技术创新战略路径大致有三种。第一种是由国家计委宏观经济研究院课题组（2001）提出的基于技术引进视角的技术创新战略路径。这种路径是指通过技术引进缩短与国际水平的差距，通过消化吸收和自主开发形成核心竞争能力，最终向实现水平分工迈进。第二种是基于企业自身创新能力视角的技术创新战略。实现该类产业创新主要有两种途径：一是由一个企业完成产品创新并由此带动相关的技术创新及管理创新，由此获得的高额利润对其他产业产生诱导作用，吸引其他产业效仿，使技术扩散到其他企业，最终形成新的产业；二是由多个企业同步创新，分别完成产业创新所要求的技术创新工作，同时进入新的产业（张耀辉，2002）。以上两种路径强调内生性自主技术能力的培养。考虑到目前中国自主创新面临沉没成本高昂、自主创新能力依旧不足等困境，徐康宁和冯伟（2010）在对比研究以企业为主体的技术创新的不同模式的基础上，提出了技术创新战略的第三种路径：基于本土市场规模的内生化产业升级，即以本土市场规模作为与国外企业合作技术的筹码，通过共同参与研发设计、共享市场规模收益的方式，中国企业可以充分地汲取知识技术的外溢，改善和提高自身的学习能力，从而使企业的创新机能得以内生化，最终实现技术创新。

构建国内价值链的区域发展路径避开了全球价值链的低端锁定，首先在区域范围内构建国内的价值链，打造国内一流品牌，等区域价值链体系不断成熟后再以比较优势参与全球价值链分配，实现产业升级（王海杰，2013）。张少军和刘志彪（2010）认为在东部沿海地区已有的全球价值链基础上着力延伸和发展国内价值链，是在动态的竞争环境中摆脱低端锁定和缩小地区差距较为可行的途径。但由于中国各地区间存在很大的差异，国内价值链的构建很难一蹴而就，因而可在地理位置接近的地区之间，通过区域一体化来构建规模相对较小的国内价值链，然后基于其"极化效应"和"扩散效应"，与其他区域的国内价值链对接和互动，最终在全国范围内实现国内价值链的构建。高煜和杨晓（2012）也认为，构建联系东部地区和中西部地区、密切沟通区域间产业发展的国内价值链，有助于培育中西部地区产业升级的基础条件并缩小区域收入差距。

第七节　产业升级的对策建议

已有研究多从微观、中观和宏观三个角度提出产业升级的对策建议，包括企业自身努力、产业集体行动和政府政策支持等。

一　微观层次即企业层次的主要观点

黄先海（1998）提出产业结构升级可以由几个或某几个大型企业的迅速发展带动。企业组织结构调整的基本要求是有选择地对可能带动产业升级的极少数企业给予重点支持。刘志彪和张晔（2005）具体分析了作为"国际代工者"的本土企业从 OEM 到 ODM 各阶段的升级模式，提出了本土企业转向自有国际品牌的国际战略。张明志（2008）提出应通过承接国际外包来促进产业升级，具体来说，我国企业应努力做到以下三点：一是提高交易制度的效率，扩大承接国际外包的规模；二是加强自主研发能力，加快配套产业发展；三是注意人力资本投资，努力提升产业链。

二　中观层次即产业层次的主要观点

顾江（2009）在对我国文化产业的劳动生产率、技术、内容、人才要素和资金要素进行比较分析的基础上，提出了嵌入全球价值链的我国文化产业升级路径：一方面，要发挥文化产业关联效应极强的作用，扩大其对其他产业的关联效应、支撑效应和溢出效应；另一方面，要与国际文化产业结构耦合，通过自主创新和品牌经营，利用嵌入全球价值链的学习机会建立起快速的扩张市场的能力，以其"超前错位"来影响和带动我国产业结构升级。杨仁发和刘纯彬（2011）

则从生产性服务业与制造业融合的角度出发进行制造业产业升级的研究，认为我国制造业整体竞争力较弱，主要表现在制造业技术含量低、产品附加值低、处于价值链低端等方面，而解决这一问题的关键，只能依靠制造业产业升级并提高我国制造业的国际竞争力，而实现这一目的的重要方式与渠道就是推进生产性服务业与制造业融合。

三 宏观层次即国家和区域层次的主要观点

李江涛和孟元博（2008）在分析我国东部和中西部地区产业升级面临的困境的基础上，分别提出适合东部沿海和中西部地区产业升级的路径指向：东部沿海地区的产业升级指向表现为产业深化创新以及迈向以第三产业为中心的产业结构升级；中西部地区的产业升级指向则主要表现为迈向以重化工业为重心的产业结构升级。朱卫平和陈林（2011）通过对广东产业升级的发展历程进行经验研究，分别从产业、企业和产品三个角度出发归纳广东产业升级的三种模式：一是产业结构高度化；二是企业价值链高度化；三是产品加工程度高度化。最后依托理论成果与经验数据提出产品加工程度高度化是今后广东产业升级的主攻方向。

第八节 银行产业升级

产业升级虽然是经济学研究的热点之一，但学界至今还没有在产业升级内涵和产业升级形式方面达成共识。纵观关于产业升级的研究文献，学者们对产业升级内涵的定义大致有两种不同的研究思路：一是产业结构调整；二是产业链升级。

一 产业结构论

产业是生产同一种产品的企业加总，我们在企业生产函数的基础上，给出一个产业的生产函数：$Y = f(A, K, L)$。其中，Y 为产业总产出；A 为技术水平；K 为实物资本投入，包括中间投入（原材料）、土地、水电能源等；L 为人力资本投入。根据古典经济学的边际分析方法，产业要最大化收益，就必须依据生产函数中各种要素之间的价格和边际替代率选择不同要素的投入量。

传统的产业升级是三次产业下的派生概念，与传统的要素禀赋动态转化理论大致相同。一个国家在不同发展阶段拥有不同的要素禀赋，动态的要素禀赋转化将直接导致要素价格的变化，从而导致这个国家的生产比较优势不断转化。在不发达阶段，土地、水等自然要素相对丰盛且价格低廉；随着工厂林立、资源匮乏的发达阶段的到来，低端要素逐步稀缺并且价格升高，高端要素变得丰盛且价格相对价廉。在降低成本和最大化利润的动力下，每个产业都会不断调整投入要素的比例结构，尽量使用这一阶段国内丰盛而价廉的要素资源进行生产。这将导致企业的技术、组织形式、产品结构同步发展，进而推动产业内部的技术、组织、产品升级。某些产业一旦跟不上要素禀赋变动的步伐，将步入衰退并最终被淘汰，转而进入后发国家去寻找丰盛的低端生产要素。同时，新兴主导产业将挤占衰退产业仅剩的资源和市场空间，最终使产业结构出现转型性调整，各行各业同时也实现了产业升级。

在我国，最初对产业升级的研究普遍以三次产业为研究对象。持有该研究思路的学者普遍认为产业升级与产业结构升级密切相关。例如，产业升级也可称为产业结构高级化，是指在产业结构演进过程中三次产业之间以及各产业内部依次转移、结构从低水平状态到高水平状态发展的动态过程（唐晓云，2012），也可认为是产业由低技术水平、低附加值状态向高技术水平、高附加值状态的演变趋势（刘志彪，2000）。郭元晞等（2009）指出产业升级是产业结构的改善和产业素质与效率的提高，包括三次产业在国民经济中相互关系变化的规律，以及各产业内部结构变化的规律，尤其是技术水平进步等。张耀辉（2002）认为产业升级包含下列内容：第一，产业升级是一个历史性现象，描述了产业依次出现、扩张、消亡的过程；第二，产业升级与经济增长同步，产业结构由低附加值向高附加值转变必然引起国民收入增长，进而转化为要素收入增长和购买力增长；第三，产业升级必然会带来相应的要素转移现象，当一个产业开始时必然会吸引要素进入，而当一个产业退出时也必然会引起要素的退出，退出的要素流入新兴的产业中，形成要素转移效应。

二 产业链升级论

产业链升级论认为，产业升级不同于产业结构升级。代表观点为：从全球竞争和国际产业的视角来看，产业升级应包括产业结构升级和产业链升级；产业升级是一个比产业结构升级更高层次的概念，即产业升级包括两种不同升级方向的、并列的产业发展内容——产业结构升级和产业深化发展（李江涛和孟元博，2008）。在国外，Ernst（2002）最早使用"Industrial Upgrading"这个概念，他在分析韩国特殊的产业竞争战略时指出，通过章鱼式多元化扩张进入不同产业甚至不相关产业来实现扩张，而不是通过知识积累实现产业升级。这表明他认为该行业过分偏重产业结构变迁而忽视了产业内能力的提升，可见在他的认识里，"产业升级"与"结构调整"存在较大差异，这种差异主要来自发展路径和实践（陈羽、邝国良，2009）。Gereffi（1999）在关于东亚服装产业的一系列研究中，开始了正式的非"结构思路"和"价值链思路"下的产业升级研究。在这种思路下，产业升级可分为该国（地区）的企业以及产业整体在价值链下或者不同价值链间的攀越过程，其意义不仅是统计上的产业结构变迁，而且是增加值的获取，以及国家赋税、劳动者收入、企业与国家形象乃至自然环境等一系列条件的改善。基于这种思路，近年来国内学者展开了越来越多的研究。张耀辉（2002）在对产业升级的重新理解中指出，产业升级的真正含义应该是高附加值产业替代低附加值产业的过程，三次产业间转移是一个低附加值产业不断被高附加值产业替代的过程，并提出产业升级过程的实质就是产业创新与产业替代的过程，而产业创新是产业升级的主要方面。冯艳丽（2009）指出产业升级实际上是同一价值链中各个环节和不同价值链之间互动产生的复杂动态结果，是一国产业在全球价值链中朝着高附加值环节或链条不断攀升的过程。隆国强（2007）借助经典的价值链"微笑曲线"图形指出了发展中国家产业升级的三个方向——产业间升级、向资本与技术密集的价值环节升级以及向信息与管理密集的价值环节升级，这与国外学者概括的"价值链升级"和"功能升级"一致。针对国际分工与产业升级进行的持续的研究主要有：刘志彪（2005）具体分析了作为"国际代工者"的本土企业从 OEM 到 ODM 各阶段的升级模式，提出了转向自有国际品牌的国际战略；于明超等（2006）以中国台湾笔记本电脑在大陆的封闭式生产网络为例，研究国内当地企业在全球价值链下面临的因技术能力弱、生产规模小等而被边缘化进而限制了升级潜力的问题；江静等（2007）在"经济租"思路下分析了全球价值链价值分配中的决定因素，讨论了价值链管理中的收益不均问题，提出了提高学习能力、进行技术扩散以及实现自主创新等产业升级对策。

　　无论是产业结构升级论还是产业链升级论，依旧以制造业为主要研究对象，是雁行模式和主导产业替代理论的延伸与发展，因此其本质仍是要素比较优势的动态转化理论，同时，产业结构理论单纯依靠三次产业的划分，尤其是产业升级理论过多地强调第三产业，使得大量资本、生产要素投入进来，而第三产业内部如何进行产业升级，并没有明确结论，使得政府在制定政策时十分迷惘。对于作为第三产业的银行业而言，基本的存贷款业务所形成的利息差，并不能简单地称之为劳动密集型的低附加值产品。我们应清楚地认识到，在银行产业升级的过程中并不是要舍弃低附加值产品，而是要达到传统业务与非传统业务的适度搭配和适度结合，达到产业结构与银行目标效益相一致。因此，通过对上述文献的梳理并结合银行业自身的特点，本书将银行产业升级定义为：商业银行为了提高自身盈利能力和盈利水平，以金融创新为推动力，通过银行间并购优化组合生产要素，提高技术水平、管理水平、运营能力和服务质量的过程。银行产业升级的形式包括产品升级、功能升级和金融链条的扩张。

第三章　中国银行体系与
阶段划分

本章导读：20世纪90年代以来，随着改革开放的不断深入和经济体制改革的持续推进，我国形成了多种所有制结构并存、各种地域跨度并存、大中小规模并存的多元银行体系。本章通过对我国商业银行演进体系的整理，分析每个时期不同银行体系的发展演变特点，总结商业银行的格局和特点。对我国商业银行体系的演进和格局做了比较全面的阐述，为我们更好地理解我国目前银行业发展现状提供了参考依据。我国商业银行的盈利模式、金融创新、风险控制等几个主要方面与发达国家存在明显差距，这表明二者并不处于同一发展阶段。本章将发达国家银行产业发展阶段划分为初级、中级和高级发展阶段，有助于对我国银行产业发展阶段进行定位，确定银行产业升级路径，从而更好地促进我国银行产业升级。

经过30多年的改革变迁，中国银行业取得了长足发展，形成了功能完备的多元化银行体系。中国银行体系改革在金融体制改革中居于核心地位，也是中国经济改革的重要组成部分。目前，中国银行系统以国有控股银行为主体，政策性金融与商业性金融相分离，多种金融机构分工协作、协调发展（金毅，2011）。在"一行三会"的监管架构下，市场化调控机制初步形成。同时，银行业对外开放水平不断提高，无论是外资金融机构的进入，还是本土银行的海外经营，都取得了显著成效。从总量上讲，中国银行业的资产规模不断扩大；从结构上讲，无论是资产规模、分支机构数量，还是从业人员分布，四大国有商业银行无疑是中国银行系统的主体，国有商业银行在很长时间内仍将继续占据主导地位。与此同时，股份制商业银行、城市商业银行、城市和农村信用社乃至外资银行等金融机构发展较快，逐渐形成了多元化格局。但通过分析近年来的数据可以发现，虽然总体上国有商业银行的资产比例呈下降趋势，但仍超过了所有其他银行金融机构比例的总和，对于其他机构具有压倒性优势。随着改革开放的不断深入，我国银行体系不断演变，其演变体系具有明显的阶段性特征。基于此，本章将对银行体系以及具体的阶段划分进行系统梳理。

第一节　中国银行体系与产业发展阶段

一　中国银行体系的演进历程

20 世纪 80 年代初期，中国人民银行"一统天下"的格局被打破，形成了由中国银行、中国建设银行、中国工商银行和中国农业银行组成的专业银行体系，这是中国商业银行体系的最初形态。20 世纪 80 年代中后期，整个国民经济发展和经济体制改革对银行业和金融业提出了更高的要求，专业银行运作中存在的不少弊端也逐渐暴露，从 1994 年前后开始，中国银行体系中不再有"专业银行"这一类别，在中国的银行体系中起绝对支撑作用的中国工商银行、中国农业银行、中国银行、中国建设银行被改造为国有独资商业银行，这正是我国银行体系发展历程的第一阶段。

1987 年，国家重新组建后的交通银行正式对外营业，招商银行等一批新兴商业银行随即产生，到目前为止，已先后设立了 10 家新型的全国性商业银行，包括交通银行、招商银行、中信实业银行、中国光大银行、华夏银行、中国民生银行、广东发展银行、深圳发展银行、福建兴业银行和上海浦东发展银行（已剔除合并了的中国投资银行和被关闭的海南发展银行），一批新型商业银行的设立，丰富和完善了商业银行体系。从 1993 年开始，我国先后组建了国家开发银行、中国进出口银行和中国农业发展银行三家政策性银行，从而实现了在金融体系内商业性金融与政策性金融职能的分离，扫除了"工农中建"四大专业银行向商业银行方向改革的最大障碍。同时，受亚洲金融危机的影响，我国银行业逐渐实行了严格的分业监管，由此形成我国银行体系发展历程的第二阶段。

1995 年 7 月，《中华人民共和国商业银行法》明文规定，商业银行在中华人民共和国境内不得从事信托投资和股票业务，以立法形式确立金融分业制度格局。其后，《中华人民共和国证券法》和《中华人民共和国保险法》相继颁布，与《中华人民共和国银行法》共同构成了金融分业的法律基础。地方银行开始兴办，全国各地大中城市分两步组建了近百家地方性商业银行。从 1995 年开始，我国先后将分散的众多城市信用社改组、合并成城市合作银行，继而在 1997 年之后全部改称为"某某市商业银行"，这些银行基本上由地方政府（通过财政渠道）掌握部分股权加以控制。另外还包括 2 家住房储蓄银行（烟台住房储蓄银行和蚌埠住房储蓄银行）以及约 4500 家城乡信用社。与此同时，各商业银行积极加快上市步伐。自 1991 年深圳发展银行上市，1999 年上海浦东发展银行成为政策解冻后的第一家上市商业银行，2007 年末，绝大部分国有商业银行和主要股份制银行都已经上市，同年首批外资法人银行成立，包括汇丰银行、花旗银行、渣打银行、东亚银行。截至 2014 年，已有 16 家银行上市，根据上市银行发布的年报数据，2014 年商业银行净利润同比增长 9.65%，16 家上市银行净利润达到 1.25 万亿元。

二 中国银行体系的演进阶段分析

新中国成立 60 多年来，我国银行体系也发生了巨大的变迁。总体来说，我国银行体系经历了从单一结构银行体系到二元结构银行体系再到多元结构银行体系三个阶段。

　　第一阶段是我国银行体系一元结构阶段，时间为新中国成立到改革开放前。在此时期内，我国银行体系主要是在"经过新中国社会主义银行体系改造后所建立起来的由中国人民银行一家控制中国所有金融活动的制度体系"。我国银行体系是伴随新中国成立而发展起来的。新中国成立后，我国通过合并原有的区域银行建立了中国人民银行，并且通过接收官僚资本主义、进行公私合营以及对私营金融业进行社会主义改造，逐步将银行业控制在国家手中。从 1953 年开始，按照苏联经济模式构建我国经济管理体制，在"计划经济"的模式下，作为与计划经济相适应的金融制度安排。我国逐步形成了中国人民银行一统银行业甚至金融业的高度垄断的一元制银行结构体系。在这一时期内，我国银行体系处于政府的直接干预和控制之下。我国于 1954 年将公司合营的银行纳入中国人民银行体系的专业机构，于 1955 年制定了《国营企业、供销合作社、国家机关、部队、团体间非现金结算暂行办法及结算放款暂行办法》，使中国人民银行成为唯一的资金管理和核算机构，对全国资金进行统一管理和核算，并于 1957 年撤销了中国农业银行，使之成为中国人民银行的一个分支机构，通过不断的集中，使中国人民银行成为我国当时金融业唯一的垄断者，成为集中央银行、政策性银行以及商业银行等多种功能于一身的全能综合银行。国家通过行政管理直接干预银行业务，银行成为财政的支出部门，"信贷资金实行统收统支、统存统贷，计划和资金合一"的办法，配合实体经济中计划经济的开展，强财政弱金融的体系逐渐形成，我国当时的银行体系也就形成了中国人民银行是唯一参与者的一元结构银行体系。

　　第二阶段是我国银行体系的二元结构阶段，时间为 1978 年改革开放后到 1994 年。所谓二元制银行体系，是指"中国人民银行作为中央银行独立出现，而其他商业银行，如由四大国有银行、股份制银行以及外资银行等组成的商业银行体系成为整个银行体系中具有进行银行业务的另一元"。此阶段我国银行体系的变迁主要是配合我国实体经济发展由计划经济转向市场经济而展开的。1979 年我国恢复了中国农业银行和中国建设银行，并且将中国银行从中国人民银行中分设出来。1981年，我国又新创立了中国投资银行。最具标志性的事件是1984年中国人民银行将原有的商业银行业务剥离给新设立的中国工商银行，从此中国人民银行开始专门行使中央银行职能。1985年以后，我国开始实行"实贷实存"的信贷资金管理体制，使得银行体系的资金管理由供给制向信贷制转变。1986～1993年，我国先后成立了交通银行、招商银行、中信实业银行、中国光大银行、华夏银行、中国民生银行、广东发展银行、深圳发展银行、福建兴业银行和上海浦东发展银行等一批商业银行。至此，我国银行体系逐步形成了以中国人民银行为中央银行，四大国有商业银行、外资银行和股份制银行初步发展的二元银行体系，银行体系逐步呈现多样化发展的趋势。

第三阶段是我国银行体系结构多元化的阶段，时间为1994年至今。我国通过一系列银行体制改革，逐步形成了由中央银行和中国银监会进行监督控制，政策性银行与商业性银行相互配合、相互协调的多元制结构体系。在银行所有权方面也逐步形成了国有银行、外资银行、股份制银行和私人银行多种所有制并存的多元所有制体系。1994年之后颁布的《中华人民共和国中国人民银行法》《中华人民共和国商业银行法》等一系列法规确立了我国银行体系变迁的基本法律框架，1994年我国相继成立了国家开发银行、中国进出口银行和中国农业发展银行三家政策性银行，标志着我国政策性银行的建立，也标志着我国银行体系多元制结构的成型。随后，中国证监会、中国保监会、中国银监会相继成立，中国人民银行进一步剥离了对证券、银行、保险市场的监管职能。之后，随着我国加入WTO步伐的加快，银行业逐步对外开放，我国国有银行经历了不良资产剥离、财政注资等过程，2003年之后，我国先后对四大国有商业银行进行股份制改造，四大国有商业银行先后在内地A股市场和香港H股市场挂牌上市，直到2010年中国农业银行成功上市，标志着我国四大国有商业银行的股份制改造顺利完成。至此，中央银行、商业银行和政策性银行相对稳定地构成了我国较为完整的银行体系。中央银行和中国银监会执行货币和监管职能，政策性银行配合国家进行某个领域的政策性贷款业务，国有商业银行、股份制银行和外资银行从事商业银行业务的多元化格局逐渐完善。

三　中国银行体系的格局分析

按照中国银行业监督管理委员会的统计口径，我国商业银行分为国有商业银行、股份制商业银行、城市商业银行、其他金融机构四类。其中，国有商业银行包括中国工商银行、中国农业银行、中国银行、中国建设银行、交通银行五家；股份制商业银行包括中信实业银行、中国光大银行、华夏银行、深圳发展银行、广东发展银行、招商银行、上海浦东发展银行、中国民生银行、福建兴业银行、恒丰银行、浙商银行；城市商业银行包括北京银行、上海银行、江苏银行、南京银行、宁波银行、徽商银行等，全国共133家；其他金融机构包括政策性银行、农村商业银行、农村合作银行、外资金融机构、城市信用社、农村信用社、企业集团财务公司、信托投资公司、金融租赁公司和邮政储汇局等。

遵循银行经营安全性、效益性、流动性的原则，下面从银行资产占比、银行负债占比、银行存款量等对商业银行各项数据进行分类对比分析（见表3-1、表3-2、表3-3）。

表3-1　我国四类商业银行资产占银行总资产比例

单位：%

类型	2010年	2011年	2012年	2013年
国有商业银行	49.20	47.30	44.93	43.34
股份制商业银行	15.60	16.20	17.61	17.80
城市商业银行	8.20	8.80	9.24	10.03
其他金融机构	26.90	27.60	28.22	28.83

资料来源：根据中国银监会历年资料整理得到。

表3-2 我国四类商业银行负债占银行总负债比例

单位：%

类型	2010 年	2011 年	2012 年	2013 年
国有商业银行	49.20	47.40	44.89	43.32
股份制商业银行	15.70	16.30	17.78	17.95
城市商业银行	8.20	8.80	9.24	10.04
其他金融机构	26.80	27.50	28.10	28.68

资料来源：根据中国银监会历年资料整理。

表3-3 我国大型银行与中小型银行存款量变化对比

单位：亿元

日期	金融机构	大型银行	中小型银行
2014 年 1 月	1063919	554244	241980
2014 年 2 月	1084540	561271	246188
2014 年 3 月	1122235	587918	256546
2014 年 4 月	1117060	571002	258108
2014 年 5 月	1133091	575661	262477
2014 年 6 月	1172600	601464	275478
2014 年 7 月	1153784	583629	265848
2014 年 8 月	1155798	582449	266698
2014 年 9 月	1163810	591187	268254
2014 年 10 月	1161349	582433	266163
2014 年 11 月	1167738	584409	267993
2014 年 12 月	1173735	591557	274998

注：金融机构包括中国人民银行、银行业存款类金融机构、信托投资公司、金融租赁公司和汽车金融公司；大型银行包括中国工商银行、中国农业银行、中国银行、中国建设银行、国家开发行、交通银行和邮政储蓄银行；中小型银行包括资产总量小于 2 万亿元且跨省经营的银行。

资料来源：根据中国人民银行 2014 年统计数据整理。

分析对比数据可以得出，我国国有商业银行的资产占银行总资产比例呈现下降趋势，同时意味着其他类别银行的快速发展与在经济中日益凸显其重要地位。从负债占比中我们也能发现同样的情况，即国有商业银行的市场份额在逐步降低，在更加市场化、均衡化的竞争环境下，中小型银行逐渐显示出其重要性，这表明我国商业银行的市场格局已经发生改变。从 2014 年我国金融机构存款数据来看，中小型银行不断提升吸引存款的总量，这也表明大型国有商业银行的市场地位正逐步发生变化。

综上所述，经过 60 多年的改革发展，我国在建立中央银行制度的同时，通过"存量改革"和"增量导入"两条途径，打破了"大一统"的银行组织体系，实现了中国银行业由垄断走向竞争、由单一走向多元、由封闭走向开放、由功能狭窄走向健全完善的转变，建立起了以中国人民银行为中央银行，以国有商业银行为主体，以股份制商业银行为生长点，中资和外资商业银行并存发展的统一开放、有序竞争的银行组织体系。总的来说，新中国成立 60 多年来，我国银行体系变革经历了从单一结构银行体系向二元结构银行体系再到多元结构银行体系变迁的路径，我国银行体系不断改革和完善。

第二节　银行产业发展阶段划分

近年来，我国商业银行取得了长足的发展，在国际上的排名不断上升，但是我国商业银行的盈利模式、金融创新、风险控制等几个主要方面与发达国家仍然存在明显差距，显示出二者并不处于同一发展阶段（段建宇，2008）。对发达国家银行产业发展阶段及特点进行分析，有助于对我国银行产业发展阶段进行定位，确定合适的银行产业升级路径，从而更好地促进我国银行产业升级。

一　银行产业发展阶段划分

自现代商业银行出现至今，西方主要发达国家银行产业经历了初级、中级、高级三个发展阶段的演进。其主要标志是西方主要发达国家金融监管当局的金融监管政策呈现粗放式混业—严格分业—混业监管的变化。银行产业阶段演进的主要动力来自银行产业内部的金融创新，主要目标是促进银行产业整体绩效逐步提高。

1933 年美国颁布的《格拉斯－斯蒂格尔法案》（Glass-Steagall Act）标志着西方发达国家银行产业初级发展阶段粗放金融混业监管的结束；1999 年美国颁布的《金融服务现代化法案》（Financial Services Modernization Act）标志着银行产业中级阶段严格分业监管的结束；2008 年以来美国次贷金融危机的爆发并没有改变发达国家金融混业经营的态势，主要发达国家金融监管只是将投资银行业务剥离或在金融控股公司内部设立防火墙，达到将投资银行业务与传统银行业务隔离的目的，并没有改变混业经营的格局。在银行产业从初级发展阶段到中级、高级发展阶段演进的过程中，西方主要发达国家的金融监管政策并不只是从"混业"到"分业"又到"混业"的简单重复，抑或是监管当局的政策偏好，而是为了适应该发展阶段经济与金融发展的内在需求，是当时经济与金融发展的结果（段建宇，2008）。各国金融监管体制是根据本国或本地区金融市场和金融机构发展的实际情况而实行不同的监管体系，而且随着金融市场和金融机构的发展变化而不断变化（曹凤岐，2009）。金融是经济的核心，经济发展的各种矛盾不可避免地要在金融产业集中爆发。发达国家交替实行混业和分业的金融监管政策是不同发展阶段金融产业发展各种具体因素互相作用的结果。

二　银行产业初级发展阶段

（一）粗放的混业经营

从现代商业银行出现到美国 1929～1933 年经济危机以前，西方发达国家金融监管当局并没有充分认识到金融监管的必要性，缺乏对金融系统性风险的预见性，对银行产业及其他金融产业普遍实行宽松的金融监管措施。整体上，发达国家金融产业普遍呈现粗放的混业经营状态，过于宽松的金融监管措施不能有效控制商业银行面临的风险。以美国为例，美国 1929～1933 年经济危机以前一直实行宽松的自由银行制度。1928 年，219 家国民银行中有 150 家从事证券业务，342 家州银行中有 310 家从事证券业务，并且商业银行在债券承销和分销中的市场份额稳步上升，在债券原始发行中所占的比重由 1927 年的 22% 上升到 1929 年的 45.5%；参与发行的比例更高，由 1927 年的 36.8% 上升到 1930 年的 61.2%（陈柳钦，2006）。

（二）金融创新不足

在此发展阶段，世界货币体系处于金本位时代，国际贸易尚不发达，经济发展水平决定了作为信用中介的商业银行产业的金融创新水平较低。有观点认为，金融监管促进金融创新，金融创新又促使金融监管进一步完善，两者之间是一种正向的博弈关系（Kane，1981）；金融混业经营监管制度下的金融创新活动会明显少于分业经营制度下的金融创新（Boot and Thakor，1995）。根据这个观点，此发展阶段粗放的混业金融监管对发达国家银行产业金融创新的促进作用有限。另外，该发展阶段大规模金融创新的物质基础尚不具备，如远程通信技术尚不发达。

三　银行产业中级发展阶段

以 1933 年美国颁布的《格拉斯－斯蒂格尔法案》为标志，发达国家银行产业进入中级发展阶段，主要呈现以下特点。

（一）金融分业监管严格

为避免 1933 年发达国家经济危机再次发生，美国金融监管当局认为商业银行同时经营银行业务、证券业务和保险业务，不可避免地会出现商业银行大规模投资证券市场的现象，会直接导致商业银行负债与资产结构、期限的错配，从而影响商业银行经营的稳定性，损害商业银行存款人、其他利益相关者以及证券市场交易者的合法利益。美国危机前粗放的金融混业经营监管制度已经无法适应当时的需要。1933年，美国颁布《格拉斯－斯蒂格尔法案》，金融监管机构将商业银行与证券公司、保险公司运营业务完全隔离，实行严格的金融分业监管措施。该法案规定商业银行不得经营证券业务，也不能为投资而在证券市场上购买证券，购买公司债券也有严格限制。该法案明确规定，禁止商业银行承销或经营公司债券，限制商业银行购买由银行管理机构批准的债券业务。同时，禁止投资银行从事商业银行业务，如吸收存款、发放贷款等。《格拉斯－斯蒂格尔法案》标志着严格的金融分业监管时代的来临，除美国外，以英国、日本为主的其他西方国家在1929～1933年的大危机之后普遍采取了金融分业经营制度。

（二）银行产业盈利空间被压缩

英、美、日等发达国家严格的金融分业监管对金融稳定发挥了积极的作用，银行产业保持了长期的稳定发展。"二战"后，伴随着资本主义经济强劲的复苏，奉行凯恩斯主义货币政策的各主要发达国家以货币供给的超常增长刺激经济发展需求，通货膨胀率因此居高不下。为保持资产保值增值，资金提供者越来越不满意商业银行稳定的存款利率即资金价格。在日益完善的金融市场作用下，原来留存于商业银行体系内的资金大量流向金融市场。在此阶段出现了"脱媒"现象，即金融交易活动避开所有金融中介，资金供需双方间直接进行资金交易，以商业银行为中间媒介的间接融资方式逐渐转化为通过金融市场进行的直接融资方式。结果，银行资金大最流向金融市场，商业银行利润急剧下降。

从表3-4可以看出，美国商业银行资产收益率明显低于同期的保险公司和证券代理公司，其直接结果是导致资金向直接融资市场大量转移，金融脱媒化的趋势十分明显。

表 3 - 4　美国各类金融机构效率对比

金融机构	年份	资产收益率平均数
商业银行	1974 ~ 1980	0.29
	1981 ~ 1998	0.24
保险公司	1974 ~ 1980	1.48
	1981 ~ 1998	0.61
证券代理公司	1974 ~ 1980	1.29
	1981 ~ 1998	0.59

资料来源：美联储网站，www.federalreserve.gov。

（三）金融创新活动频繁

此发展阶段的前两个特点都成为发达国家银行产业金融创新的重要诱因。商业银行获取高额利润的动机显然是金融创新频繁的内在原因。在与证券公司、保险公司的激烈竞争中，银行产业传统的存贷业务盈利能力日益下降，商业银行为了保持市场份额，避免客户、资金、人才等优质资源向其他产业转移，以规避严格的金融分业监管为目的、积极进行金融创新活动成为唯一的选择。

（四）银行业竞争激烈

美国国内银行业务拓展、分支机构设立受到金融分业监管政策的严格限制，而进入美国的外国银行并没有受到严格的限制，显现了强大的竞争力。以德国为代表的部分欧洲大陆国家一直坚持混业经营的制度，虽然无法避免 20 世纪 30 年代的世界性经济大危机，但并没有因此而实施严格的分业经营制度。德国金融监管当局更加注重全国性、统一性的金融监管（陈柳钦，2005）。英国经过 1986 年的伦敦"大爆炸"，传统金融业的分业经营格局发生了重大变化，商业银行开始涉足证券业务，证券资产在其总资产中的比重迅速上升。仿照分业经营而构建的日本金融体制也逐步放松了限制商业银行经营非银行金融业务的限制。1975 年外国银行贷款仅占美国商业贷款的 10%，1989 年这一比例就上升到了大约 28.5%。在国际金融市场，美国银行同样承受着来自日本和欧洲的竞争压力。1970 年，美国和英国的商业银行市场在世界金融市场的占有率最高。但到 1989 年，德国的市场占有率已是美国的 1.5 倍，而日本的市场占有率比英国、德国、美国三国总和还高（李志辉，2000）。面对欧洲、日本的全能银行，规模小、数量多、业务单一的美国银行业缺乏竞争优势，美国国内金融业混业的要求日益强烈。

（五）混业需求强烈

国际贸易的发展带来经济全球化的浪潮，大型跨国集团在其主营产业内部以及跨多个产业、跨国界的企业兼并和重组十分频繁。全球经济向广度、深度发展的现实使得传统的商业银行、投资银行、证券公司靠单个的力量已经无法满足大型跨国集团的金融需求。另外，20世纪 80 年代以来信息技术的发展，特别是远程通信技术的突破，为金融电子化创新产品大量出现创造了物质条件，使得金融创新产品突破了距离和行业的限制，极大地拓展了金融企业推出金融创新产品的空间。

四　银行产业高级发展阶段

美国国内金融业混业的要求日益强烈，最终导致《金融服务现代化法案》的出台，解除了金融监管对美国银行产业迅猛发展的束缚，标志着发达国家银行产业进入高级发展阶段，银行产业呈现综合化经营的特点。美国发生的次贷危机是这个阶段发生的重大事件，但没有改变银行产业发展的进程。该阶段的银行产业呈现以下特点。

（一）商业银行业务全能化

从各国金融体系的发展情况看，混业经营已经非常普遍，证券、银行、保险等往往由一家大的综合性银行或金融控股公司经营。首先，金融控股公司成为美国金融业最主要的组织形式，其数量明显增加。2000~2003 年，从事保险承销的金融控股公司数量由 11 个增至26 个，其相应的资产总额也由 1161 亿美元增至 3562 亿美元，超过160 家金融控股公司从事保险代理业务。其次，从事证券业务的金融控股公司数量也有一定增长，2003 年经营证券承销和买卖的金融控股公司数量从 2000 年的 37 个增至 57 个，相应的，从事证券承销和买卖的资产也从 2000 年的 9620 亿美元增至 2003 年第一季度的 16200亿美元。最后，从事投资银行业务的金融控股公司的数量也从 2000年的 20 个增至 2003 年的 26 个，但从事投资银行业务的资产规模基本保持在 90 亿~95 亿美元。金融创新进一步加快，截至 2006 年底，全球信用衍生产品的市场规模已经达到 20 万亿美元，是 2004 年的 3倍、2000 年的 20 倍。

（二）银行并购频繁

发达国家商业银行并购使得银行规模不断扩大，超级银行不断产生，而中小商业银行也走向了并购的道路，银行产业整体的平均规模不断扩大。在各国的金融体系中，少数大银行占主导地位的情况十分明显，呈现垄断竞争的态势。随着并购活动在世界范围内的扩展，国际银行业也呈现相同的由少数大银行垄断经营的特点。这是因为国际金融业的经营环境更加复杂，风险更大，只有更强实力的银行才能生存。

（三）商业银行经营全球化

世界经济全球化趋势迫使大型商业银行实行全球化经营，突破地域和业务限制，为大型跨国公司提供综合的、全球的金融服务。银行产业金融创新是银行产业升级最主要的动力，我国严格的金融分业监管压缩了金融创新的空间，使得我国银行产业升级动力不足。逐步放松金融分业监管，促进金融创新，是我国银行产业的重要升级路径之一。

第三节　银行产业的特点分析

银行产业的规模经济效应很强，这是由它所提供的产品（或服务）的独特性和银行业的技术革命所决定的。银行产业与一般的生产企业不同，它经营的对象——货币具有同质性。银行产业具有特定的消费群体或服务对象。

一　现代银行业的特点

银行业与一般工商企业相比，既有共同点，也有特殊之处。其共同点在于：两者都从事直接的经营活动，具有一定的自有资本，独立核算，通过经营活动获取利润，等等。然而，作为在市场经济中发挥特殊功能的金融中介，银行业区别于一般工商企业的特征主要表现在以下几个方面。

（一）规模经济性

曲慧敏（2004）认为，银行业更多具有规模经济的特点而更少具有规模不经济的特点，具体表现为：①银行经营一般需要较多的先进技术装备和基础设施投入，这种较高的固定成本在一定时期内相对稳定，并随着可变成本的增加而降低单位成本的平均成本；②银行规模的扩大，必然导致专业化分工更细，从而促进效率的提高；③业务相近的银行的合并往往伴随着分支机构和人员的削减，从而使银行组织机构精干合理，以及降低人工费用和各项管理费用；④随着银行传统业务的逐渐减少，表外业务尤其是金融衍生工具交易业务的大量增加，扩大业务量的边际成本几乎为零或很小；⑤商业银行已经拥有各种金融人才、资本设备和金融信息，扩大业务范围可以广泛分摊信息成本和其他成本，提高银行效益；⑥现代公司组织结构制度出现了创新，大规模公司的管理开始不同于以往的集权决策内部管理体制，而是通过设立具有相对独立经营自主权的事业部和分支机构，实行利润单独核算，大大提高了管理效率，并大幅扩大了公司规模边界。

（二）资本结构的特殊性

潘敏（2006）认为，在市场经济中，银行基于自身信誉发行一种对自身具有索取权的金融证券，通过集聚小额存款向资金需求者发放大额贷款的方式来发挥信用中介的作用，履行资产转换的职能（Gurley and Shaw，1960）。因此，在资本结构方面，银行具有其他企业所不具备的三个方面的特征：高资产负债比、债务结构的分散化和资产负债期限的不匹配。

资产负债比也可称为高资本杠杆率，是银行作为信用中介的典型特征。虽然其他行业的企业也通过负债来获取外部资金资源，但银行业的资产负债比往往高达90%以上，资本的比例非常低，甚至相当一部分继续运转的银行的股东权益为负值（李维安、曹廷求，2003）。即使在金融监管对银行自有资本比率要求日益严格的今天，作为全球银行业监管标准的《巴塞尔协议》对银行自有资本比率的要求也仅仅是8%以上。商业银行的高资本杠杆率，一方面意味着银行良好的财务效率，另一方面则预示着其承担风险的能力很弱，一旦发生资产损失，将会给银行带来灾难性后果，古今中外许多大银行破产倒闭的原因就是明证。因此，商业银行任何时候都必须保证稳健经营。

债务结构的分散化，指的是银行的负债主要由小额负债构成，即便是企业存款，单一企业的存款占银行总存款的比例也非常低。因此，银行债权人往往处于分散状态，由众多的中小债权人构成，其债务结构呈分散化状态。

资产负债期限的不匹配，是指银行在提供资产转换职能的过程中，为满足小额投资者不同的风险－收益偏好，通常为投资者提供各种流动性较强的存款合同。而银行的资产往往是由各种期限较长、流动性较差的贷款构成的。银行通过持有流动性较差的资产和发行流动性负债为市场经济主体提供流动性保险，从而在金融体系中发挥流动性创造的功能（Diamond and Dybvig, 1983）。

商业银行始终面临无条件支付的压力。现代商业银行的自有资本很少，90%以上的资金是客户存款和各种借入资金，如企业存款、同业拆借、央行借款和债券融资等，到期必须还本付息，有严格的时间约束和成本约束。并且，银行允许客户提前支取，银行保证支付。在此条件下，如果银行吸收的资金贷出后不能如期收回，或者贷款与存款的期限结构、利率结构失调，均会导致银行发生支付危机或亏损。因此，商业银行的资产必须保持高度的流动性。当然，银行的流动性创造功能也有可能导致银行挤兑问题的发生。Diamond 和 Dybvig（1983）的动态博弈模型证明了在银行资产负债期限结构不匹配的情况下，存款人个体理性与集体非理性发生冲突导致银行挤兑发生的可能性，从理论上说明了即便是稳健经营的银行也有发生挤兑的可能。因此，为避免存款人集体非理性行为的发生，存款保险制度和中央银行最后贷款等危机预防和救助机制的设计与存在是必要的。

（三）资产交易的非透明性

虽然信息不对称在任何行业都存在，但是在银行业更加严重。银行资产主要由期限不同的贷款构成。与一般企业产品的市场化交易不同，银行贷款采用的是非市场化的一对一的合同交易方式。针对不同借款对象的信用状况，银行每一笔贷款的交易条件（利率、期限和偿还方式等）均有所不同。因此，银行贷款资产的交易是非标准化的合同交易，在合同期间内，银行贷款难以在二级市场转让，缺乏必要的流动性。

贷款资产交易的非市场化和非标准化，导致银行资产交易的非透明性，使银行外部股东和债权人（存款人）与银行之间信息不对称的程度较一般企业更为严重（Furfine，2001）。现实中，银行资产交易的非透明性表现为各种不同的形式：第一，对于外部投资者而言，银行贷款的质量往往不易观察，而且有问题贷款往往在短期内不易察觉；第二，较一般非金融性企业而言，银行比较容易改变其风险资产构成；第三，银行能够非常容易地通过贷款延期、贷新换旧等方式来掩盖有问题贷款，达到逃避责任的目的；第四，在许多发展中国家和转轨经济国家，银行贷款总额中关联贷款所占比例都非常高。

（四）严格的行业管制和监管

资本结构的特殊性和资产交易的非透明性，使银行系统具有内在的脆弱性。同时，由于银行在金融体系中的特殊地位和作用，银行系统危机具有极强的负外部效应。正因如此，银行业是市场经济中受到最为严格管制的行业之一。现实中，对银行业的管制和监管表现在多个方面。第一，银行业的市场准入较一般企业更为严格。各国监管当局都对银行牌照的发放制定了严格的限制条件，在股权结构、代理权争夺和并购等控制权竞争方面，银行业均受到了严格的程序和条件限制，且必须得到监管当局的认可。第二，在日常经营中，银行业的经营受到内容繁多的管制约束，如资本充足要求、流动性要求、贷款分类和集中度、呆账准备金及内部控制监管等。第三，银行业的监管程序较其他行业复杂。在日常经营中，商业银行除接受外部审计机构的独立审计和内部控制机构的内控管理外，还必须接受监管机构的现场和非现场检查。第四，银行业的行业监管者众多。在封闭经济条件下，商业银行面临国内中央银行，银行、证券和保险监管机构，以及存款保险机构等不同监管机构的监管。在开放经济体系中，商业银行除受到来自国内各类金融监管机构的监管外，还受国际银行监管机构、国际金融机构监管规则的约束。

（五）银行产品的特殊性

李维安和曹廷求（2003）指出，银行产品的特殊性主要表现在以下四个方面：第一，与其他产品或服务不同，贷款质量不能马上就观察到，而且可以隐藏相当一段时间；第二，贷款不能在有效、流动性的二手市场进行交易，使得银行的不透明性更为严重；第三，银行能够比其他行业更快地改变资产的风险构成，通过对不能履行债务合约的客户放松条件而很容易隐藏问题；第四，在其他行业，产品的堆积往往被视为负面信号，但对银行资金的大量积累则很难判断究竟是负面信号还是管理者对风险环境做出的谨慎反应。银行产品的特殊性质往往使得存款人并不知道银行贷款组合的真实价值，也使得外部投资者很难知道银行究竟如何使用他们的资金，并因此而产生对银行进行治理的迫切需求。

（六）现代商业银行承担社会责任和改革的能力有限

余力（2001）认为，现代商业银行是具有一定社会属性的企业法人，是由其经营的商品和所处的地位决定的。商业银行是经营货币与信用业务的金融企业，而货币与信用本身就是一种社会生产关系，因此商业银行承受着来自社会各方面的综合压力。另外，金融是现代经济的核心。商业银行作为金融业的骨干，同国民经济各方面都发生着千丝万缕的联系，商业银行的资产规模、结构、质量对国民经济的发展有重大影响。因此，商业银行是国家干预经济生活机制中不可缺少的重要环节。政府往往通过经济的、法律的、行政的等手段间接或直接干预金融活动。如果政府不顾商业银行的承受能力，用行政办法直接干预商业银行的经营活动，则势必使商业银行的经营陷入困境。

（七）综合化和全能化

金融自由化浪潮冲淡了银行业、证券业和保险业的界限，现代商业银行的业务日益综合化、全能化。近代商业银行的经营模式有两大类型：一是以美国和日本为代表的银行业、证券业、保险业分业经营模式；二是以德国和瑞士为代表的混业经营模式。然而到了现代，世界商业银行业务出现了向混业经营、全能型银行发展的趋势。这种趋势起因于 20 世纪 70 年代的金融创新，完成于 80 年代的金融自由化浪潮，实现于 90 年代金融法规的修改和完善。随着 1986 年英国的"金融大爆炸"、1998 年日本颁布的《金融体系一揽子法》和 1999 年11 月美国《金融服务现代化法案》的实施，西方主要发达国家商业银行业务经营全能化获得了国家法律的认可。可以预见，随着世界各国中央银行监管水平的提高、商业银行自律能力的提高和金融法律框架的健全，世界商业银行业务最终必将全能化。

（八）国际化和巨型化

商业银行合并已由国内向世界范围扩展，出现了商业银行国际化、巨型化趋势。从银行发展的历史来看，银行并购是一个趋势。20 年前美国的银行多达 2 万家，经过多次并购重组，现在只剩下 8000 家左右，估计将来会减少到 5000 家左右。尤其值得关注的是，近年来银行合并出现了一个很值得研究的现象，即 20 世纪后期，银行合并主要发生在国内，而在世纪之交则出现了银行业跨国并购重组的浪潮。例如，1999 年 4 月，日本的东京银行和三菱银行合并，总资产达7000 多亿美元，成为当时世界第一大商业银行；1995 年 8 月，美国的大通银行与化学银行合并后取代花旗银行成为当时美国的第一大银行。进入 2000 年之后，商业银行跨国并购不断见诸报端。例如，英国汇丰银行并购法国商业信贷银行；瑞士银行并购美国惠普证券；瑞士信贷集团收购美国投资银行 DCJ；美国大通银行收购英国投资银行；德国裕宝银行将与奥地利银行合并；英国汇丰集团收购墨西哥BAN COSERFIN 银行；汇丰控股拟与美林证券在两年内合并，合并后将成为全球第二大金融集团（第一大金融集团为花旗集团）；等等。此外，亚洲四家证券交易所宣布合并意向、英国伦敦证券交易所与德国法兰克福证券交易所合并闹得沸沸扬扬等案例充分说明，在经济全球化推动下，金融一体化，商业银行国际化、巨型化趋势不可逆转。

（九）信息化和网络化

信息技术的广泛应用，推动银行业加速改革。大商业银行运用互联网、移动电话和数码电视作为竞争平台，建立了自己的网络银行、电话银行和自助银行。这些新银行模式的出现，将引起现代商业银行在经营理念、服务模式、价值观念、金融产品、竞争方式等领域的深刻变化。同时，现代商业银行是知识密集、技术密集的高科技产业，对金融人才的要求越来越高。目前，商业银行正在进入一个面向客户需求、面向管理效益、以信息技术创新为主要特征的发展阶段。因此，采用信息技术改造银行业务流程，利用信息技术创新金融产品，就成为现代商业银行发展的主旋律（余力，2001）。今后，我国的银行业如何立足知识经济和网络时代，加快金融业务处理自动化、管理决策科学化，以不断创新的金融产品和良好的金融服务同国际同行竞争，将成为我国商业银行生存与发展的关键。现代商业银行的这一特点，对金融人才提出了越来越高的要求。此外，中外商业银行都把金融资产的安全性、流动性、营利性作为自己的经营原则，但由于"三性"原则事实上很难统一，也很难兼顾，因此，对商业银行经营管理者的业务素质、政治素质、综合素质的要求特别高。它不仅要求经营管理者懂业务、善经营、会管理，而且要求经营管理者对宏观、微观经济有一定程度的了解，对国民经济各个部门的循环、周转，以及各个产业的兴衰、进退有一个概括的认识。

二　中国银行产业的特点

在中国建设一个现代商业银行体系，实现现代银行产业升级，必须从中国银行产业的特点出发，深入了解中国银行业发展的特点，以便为银行产业升级指出正确方向。

（一）特殊的资本结构

陈华和尹苑生（2006）认为，在很长一段时间内，我国的四大国有银行一直充当第二财政的角色，经营机制受到扭曲，反过来国家信用又弥补了银行资本金的不足，维系着国有银行既有的经营模式，政府与银行之间存在一种特有的默契。张杰（2003）认为，中国的国有银行与其他国家特别是成熟市场经济国家的银行相比有着独特的资本结构。既有的研究（张杰，1997，1998，1999）表明，对于国有银行来说，居民存款实际上起着替补国家注资的作用，在国家的有力担保之下，国有银行完全可以把居民储蓄存款的相当一部分视作自有（国有）资本，由国家直接注资与在国家担保下吸收存款的效用是完全等价的。国有银行确立以债务性注资为核心的资本结构，使国有银行的产权拥有者与真实出资者相分离。一方面，国家不需要直接拿出钱来，减轻了财政压力；另一方面，国家并没有放弃国有产权从而继续保持金融控制，可谓一举两得。在这种情况下，真正重要的是国家的担保能力和人们对国家的信心，而不是国有银行的资本充足率。

从理论上讲，在中央银行出现以前，银行会仅仅因为贷款和投资缺乏流动性而不是因为这些贷款成为坏账而倒闭。在中央银行出现以后，一家银行可能会因管理不善或放款与投资的极端不走运而倒闭，但不会因资产出现非流动性而倒闭（Tobin and Golub，1998）。不过，该结论似乎并不适用于中国国有银行。当前国家设立国有银行的主要目的是向国有部门和企业注资，那么值得政策制定者关心的问题有两个：一是保证老百姓能把钱存进来；二是确保将其贷到国家所偏好的项目上去。至于流动性管理、资产管理、负债管理以及资本充足率管理等现代商业银行管理的核心内容，则在这种银行体制中显得无足轻重。

张杰（2003）认为，国有银行的资本结构十分特殊，它是国家声誉与居民存款在特殊改革背景下的一种奇妙组合。作为出资人，国家以其独有的声誉入股，而居民部门则以存单持有人的身份实际提供着真实资本。仅从国有银行账户的负债方看，这种组合具有超稳定性。但由于国有银行需要履行对国有经济的金融支持责任，因此在资产方形成风险的大量积累，从而对上述资本组合的超稳定性构成严重侵蚀，这种侵蚀又因国有银行自身争取信贷自主权的努力以及与此相伴随的机会主义行为而不断加强。结果，国家与居民部门在国有银行看似牢不可破的资本联盟面临解体的危险。

（二）政府主导型的金融体制

牛智敬（2004）认为，中国在金融抑制和金融深化的过程中形成了典型的政府主导型金融制度。原因在于我国金融改革的初始条件，其中高度统一的金融体制起到了主导作用，主要变现为：中国人民银行集中央银行与商业银行职责于一身；政府在资源配置和改革中居主导地位；商业银行缺乏独立自主权力；金融秩序和结构单一。钟伟（2003）认为，国有银行的病根在上市之外，不少市场外的病兆就是党政内的问题。银行与政府之间应该保持足够的距离，要积极尝试产权多样化的各种途径，尝试让一些机构脱离中央一级的控制，让银行成为一个真正的市场主体。国务院发展研究中心"完善社会主义市场经济体制"课题组（2003）也提出从制度上彻底打破银行管理者官本位观念，是国有银行改革的根本。

（三）商业银行管理策略的特殊性

改革开放以来，我国商业银行相继采取资产管理策略、负债管理策略，但没有真正实施资产负债综合管理策略。我国银行的资产、负债管理与国外商业银行不同，不是一种流动性管理策略，而是一种总量、计划和规模管理策略，应该说这是与"商业银行"的性质不相吻合的。童频和丁之锁（2000）指出，我国商业银行流动性管理存在以下问题：第一，我国商业银行内部缺乏有效加强和完善流动性管理的动力机制；第二，中央银行流动性监管存在严重的信息不充分限制；第三，中央银行货币政策和监管政策的不一致也制约着商业银行流动性监管措施的实施；第四，资本市场不健全、欠发达；第五，利率计划化。

（四）制度变迁路径的"机构性"

刘澜飚和王博（2007）认为，我国国有银行最初是由发展银行演变而来的，直到现在还担负着许多支持经济发展的任务，但从银行制度的变迁过程来看，过去的改革注重既有国有银行的存在形式，形成了典型的"机构路径"，即从中国国有银行改革的实践历程来看：一是国有银行制度的每一次变动，基本上是围绕机构调整来进行的；二是机构的调整基本上属于一种自上而下的政府强制性行为。我们应当意识到，原有的基于"机构观"的改革似乎已经走到了尽头，中国国有银行制度的改革需要新的思路和新的理论指导。

第四章　中国商业银行业的市场结构与市场绩效

本章导读：基于我国 17 家商业银行 2009～2014 年的面板数据，通过市场份额、市场集中率、产品差异化和市场进退壁垒等因素对我国商业银行的市场结构进行研究。研究结果显示，我国商业银行业的市场集中率在不断下降，并逐渐打破垄断状态，向垄断竞争的市场结构过渡，市场结构有待进一步优化。

第一节　引言

银行业作为知识型的服务业，具有典型的多产品、多子市场的特点。银行业市场结构是银行业市场中各银行之间数量、规模、份额等方面的关系以及由此决定的竞争方式。随着我国从计划经济逐步转向市场经济，中国银行业的市场结构发生了很大变化，从单一的国有金融产权完全垄断的模式发展为多种产权形式相互竞争。1979 年前，我国银行业是一个由中国人民银行完全垄断的系统。此后到 1986 年，中国银行、中国农业银行、中国工商银行和中国建设银行四家国有专业银行相继成立，国有银行产权出现简单分解。但是这个时期的各大银行是在国家政策分工所限定的地区和行业范围内开展活动的，因此经营业务分割，彼此几乎不存在竞争，市场结构仍是高度垄断的。从 1986 年至今，在四大国有银行改革的同时，一些股份制商业银行、城市商业银行相继成立并开始发展壮大，外资银行业逐步进入并曲折增长，形成了以中央银行为核心、国有商业银行和政治性银行为主体、其他多种银行并存的局面，中国银行业的国家完全垄断状态被打破。截至 2014 年底，我国银行业金融机构包括 3 家政策性银行、5 家大型商业银行（中国工商银行、中国农业银行、中国银行、中国建设银行、交通银行）、12 家股份制商业银行、133 家城市商业银行、665 家农村商业银行、89 家农村合作银行、1596 家农村信用社、1 家邮政储蓄银行、4 家金融资产管理公司、41 家外资法人金融机构、1 家中德住房储蓄银行、68 家信托公司、196 家企业集团财务公司、30 家金融租赁公司、5 家货币经纪公司、18 家汽车金融公司、6 家消费金融公司、1153 家村镇银行、14 家贷款公司以及 49 家农村资金互助社①。

　　传统的产业组织理论根据市场集中率将市场结构划分为完全竞争、垄断竞争、寡头垄断和完全垄断四类。但是，新产业组织理论研究者则认为，市场集中率并不是决定市场结构的唯一条件，它与产品差异化、市场进入退出壁垒、市场需求的价格弹性、市场需求的增长率、短期成本结构、生产多样化等因素相结合才能确定真正的市场结构。因此，决定银行业市场结构的主要因素有市场份额、市场集中率、产品差异化和市场进退壁垒。由于商业银行在中国金融体系中始终处于主导地位，本章以我国商业银行为研究对象，通过对各个因素的分析来研究中国商业银行业的市场结构。

第二节　中国商业银行业的市场结构

一　商业银行的市场份额

　　市场份额是指一个企业的销售额在市场同类产品中所占的比重，体现了企业对市场的控制能力。银行业的市场份额是指一个银行的业务量占整个银行业业务量的比重，反映了银行业市场的竞争程度。这

---

① 数据来源于中国银监会 2014 年年报。

一要素可以通过以下四个指标说明。

R0 = 银行存款总额/国内同期金融机构存款总额

R1 = 银行贷款总额/国内同期金融机构贷款总额

R2 = 银行资产总额/国内同期金融机构资产总额

R3 = 银行净利润总额/国内同期金融机构净利润总额

其中，R0、R1、R2 和 R3 分别表示银行的存款份额、贷款份额、资产份额和净利润份额。一般来说，R0、R1、R2 和 R3 的值越高，表示在银行业所有企业中，单个企业所占比重越大，垄断程度越高；反之，R0、R1、R2 和 R3 的值越低，表示在银行业所有企业中，单个企业所占比重越小，行业竞争程度越高。

中国银监会历年统计数据显示，中国的商业银行体系包括 5 家大型商业银行、12 家股份制商业银行以及若干家城市商业银行、农村商业银行和外资银行。由于大型商业银行和股份制商业银行仍然是我国商业银行的主要竞争主体，因此本章主要针对 5 家大型商业银行和 12 家股份制商业银行进行分析。本章根据选取的 17 家样本银行 2009～2014 年的存款总额、贷款总额、资产总额和净利润总额的统计数据来计算各家银行的市场份额，计算结果见表 4 - 1。

表 4 - 1　2009～2014 年中国商业银行各项指标的市场份额

单位：%

指标	银行	2009 年	2010 年	2011 年	2012 年	2013 年	2014 年
R0	中国工商银行	20.5	18.5	18.8	17.7	16.9	16.6
	中国农业银行	15.1	14.0	13.9	12.9	14.6	14.0
	中国银行	12.4	15.7	9.9	10.9	11.1	10.6
	中国建设银行	17.1	12.7	14.8	16.0	14.1	14.0
	交通银行	4.0	5.9	6.9	4.0	4.6	4.5
	大型商业银行总和	69.1	66.9	64.2	61.4	61.3	59.6
	中信实业银行	1.8	1.9	2.9	2.8	3.1	3.0

续表

指标	银行	2009 年	2010 年	2011 年	2012 年	2013 年	2014 年
R0	招商银行	1.1	1.0	3.3	3.2	3.3	3.6
	中国民生银行	2.6	2.7	2.4	2.4	2.4	2.4
	中国兴业银行	0.9	0.9	2.0	2.3	2.6	2.6
	中国光大银行	2.3	2.4	1.8	1.8	1.7	1.6
	华夏银行	3.2	3.1	1.3	1.3	1.2	1.2
	广东发展银行	2.7	2.9	1.1	1.1	0.9	1.0
	平安银行	1.7	1.8	1.3	1.3	1.2	1.2
	上海浦东发展银行	1.2	1.3	2.7	2.7	2.9	2.8
	浙商银行	0.2	0.3	0.3	0.3	0.3	3.5
	渤海银行	0.2	0.2	0.2	0.3	0.3	0.3
	恒丰银行	0.3	0.3	0.3	0.4	0.3	0.4
	股份制商业银行总和	18.2	18.7	19.7	19.8	20.2	23.4
R1	中国工商银行	17.6	17.2	17.0	16.7	17.0	16.9
	中国农业银行	14.8	14.4	14.2	11.4	11.2	11.1
	中国银行	15.1	14.4	13.9	13.0	12.9	12.5
	中国建设银行	12.7	12.6	12.3	14.2	14.9	14.3
	交通银行	5.7	5.7	5.6	5.6	5.6	5.6
	大型商业银行总和	65.9	64.3	63.0	60.9	61.6	60.4
	中信实业银行	2.2	2.2	3.1	3.2	3.2	3.3
	招商银行	1.2	1.2	3.6	3.6	3.8	3.8
	中国民生银行	2.9	2.9	2.6	2.6	2.6	2.5
	中国兴业银行	1.1	1.0	2.2	2.3	2.5	2.6
	中国光大银行	2.7	2.7	1.9	1.9	1.8	1.8
	华夏银行	3.6	3.6	1.3	1.4	1.2	1.3
	广东发展银行	3.3	3.2	1.2	1.2	1.2	1.1
	平安银行	2.0	2.0	1.0	1.4	1.2	1.0
	上海浦东发展银行	1.3	1.3	2.9	2.9	3.0	2.8
	浙商银行	0.3	0.3	0.3	0.4	0.3	0.4

指标	银行	2009 年	2010 年	2011 年	2012 年	2013 年	2014 年
	渤海银行	0.2	0.2	0.3	0.3	0.3	0.3
R1	恒丰银行	0.3	0.3	0.3	0.3	0.3	0.4
	股份制商业银行总和	21.0	21.0	20.8	21.4	21.0	20.8
	中国工商银行	19.2	18.2	17.5	16.8	15.9	15.0
	中国农业银行	12.6	12.3	11.9	12.6	12.6	1.3
	中国银行	12.6	12.3	11.9	10.8	10.9	10.3
	中国建设银行	14.4	13.9	13.2	13.4	13.3	13.7
	交通银行	5.3	5.3	5.2	5.0	5.2	5.1
	大型商业银行总和	64.1	62.0	59.6	58.6	58.1	45.5
	中信实业银行	2.9	2.8	3.1	2.8	2.8	2.8
	招商银行	3.4	3.2	3.2	3.3	3.3	3.4
	中国民生银行	2.3	2.4	2.5	3.1	3.1	3.2
R2	中国兴业银行	2.2	2.5	2.7	3.1	3.2	3.2
	中国光大银行	2.0	2.0	2.0	2.2	2.2	2.3
	华夏银行	1.4	1.4	1.4	1.4	1.5	1.4
	广东发展银行	1.1	1.1	1.0	1.1	1.1	1.1
	平安银行	1.0	1.0	1.4	1.5	1.7	1.6
	上海浦东发展银行	2.6	3.0	3.0	3.0	3.0	3.0
	浙商银行	0.3	0.3	0.3	0.4	0.4	0.3
	渤海银行	0.2	0.4	0.4	0.5	0.4	0.5
	恒丰银行	0.4	0.4	0.5	0.6	0.6	0.7
	股份制商业银行总和	19.5	20.4	21.5	22.9	23.3	23.5
	中国工商银行	23.0	21.7	20.0	19.3	18.1	16.8
	中国农业银行	19.0	17.7	16.3	11.7	10.5	9.3
	中国银行	12.5	12.6	11.2	10.6	9.5	8.6
R3	中国建设银行	11.5	12.5	11.8	15.6	13.5	15.7
	交通银行	5.3	5.1	4.9	4.7	4.7	4.4
	大型商业银行总和	71.2	69.7	64.2	61.9	56.3	54.8

续表

指标	银行	2009 年	2010 年	2011 年	2012 年	2013 年	2014 年
R3	中信实业银行	2.4	2.4	3.0	2.5	2.7	2.8
	招商银行	0.6	0.8	3.5	3.7	4.0	3.8
	中国民生银行	2.4	2.6	2.7	3.0	3.1	3.5
	中国兴业银行	0.9	0.8	2.5	2.8	3.2	3.6
	中国光大银行	2.1	2.3	1.7	1.9	1.9	1.7
	华夏银行	3.2	3.4	0.9	1.0	1.0	0.8
	广东发展银行	2.5	2.8	0.9	0.9	0.7	0.6
	平安银行	1.4	1.7	1.0	1.1	1.0	0.9
	上海浦东发展银行	0.7	0.8	2.6	2.8	3.2	3.6
	浙商银行	0.2	0.2	0.3	0.3	0.4	0.3
	渤海银行	0.1	0.1	0.2	0.3	0.3	0.3
	恒丰银行	0.2	0.3	0.4	0.5	0.5	0.6
	股份制商业银行总和	16.6	18.1	19.6	20.7	21.9	22.6

资料来源：根据《中国金融年鉴》（2010～2015 年）相关数据整理计算得到。

从表 4 - 1 可以看出，就中国商业银行的存款份额分布情况看，2009～2014 年我国 5 家大型商业银行占据了较大的存款份额，除 2014 年外，均在 60% 以上，其中中国工商银行的存款份额最大，而 12 家股份制商业银行的存款份额基本保持在 20% 左右。但是从趋势上来看，我国大型商业银行的存款份额已呈现明显下降趋势，而股份制商业银行存款份额则呈现上升趋势。大型商业银行存款份额的下降速度大于股份制商业银行存款份额的上升速度，说明中小商业银行的竞争力在逐渐增强。就中国商业银行的贷款份额分布情况看，2009～2014 年我国大型商业银行的贷款份额一直占据优势，均在 60% 以上，且保持递减趋势，而股份制商业银行的贷款份额则基本维持在 21% 左右。而中国商业银行的资产市场份额和净利润份额的分布情况总体与前述类似。

因此，从总体上来说，大型商业银行各项指标的市场份额在逐年递减，而股份制商业银行各项指标的市场份额在逐年递增，说明我国商业银行市场正在逐渐降低垄断程度，向垄断竞争方向发展。

二　商业银行的市场集中率

市场集中率是指某一市场中，主要厂商控制市场份额的程度，通常是衡量市场垄断程度的主要指标。一般而言，市场集中率越高，市场垄断程度就越高。银行市场集中率是指银行业市场中几家最大银行所占的业务份额，市场集中率越高，大银行的市场垄断势力就越强。衡量市场集中率高低的主要方法有两种：绝对法和相对法。前者包括市场集中率指数、赫芬达尔指数等，后者包括洛伦兹曲线法和基尼系数记忆厂商规模的对数方差。二者相比较，前者主要反映领先企业的集中程度，而后者则反映了市场企业规模的差异程度。因此，根据需要，本章采用市场集中率指数和赫芬达尔指数来考察我国商业银行业的市场集中率。

（一）　市场集中率指数

市场集中率是指银行业中规模最大的前 n 位银行在整个市场中的比重，衡量指标一般为银行的存款总额、贷款总额、资产总额和净利润总额，其计算公式为：

$$CR_n = \sum_{i=1}^{N} \left(\frac{X_i}{X} \right) = \sum_{i=1}^{N} S_i \qquad (4-1)$$

其中，CR_n 表示市场集中率，N 为银行的总数量，$\frac{X_i}{X}$ 为市场中第 i 家银行有关指标的行业比重。CR_n 的取值范围为 $0 \sim 1$，n 值不变时，CR_n 越大说明 n 家银行所占市场份额越大，该行业的垄断程度越高。对 2009～2014 年中国商业银行规模最大的前四家国有商业银行的存款总额、贷款总额、资产总额和净利润总额的市场集中率进行测度，结果见表 4 - 2。

表 4 - 2 2009~2014 年中国商业银行各项指标的 CR_4 值

单位：%

年份	存款总额	贷款总额	资产总额	净利润总额	均值
2009	65.38	59.88	57.38	66.39	62.26
2010	62.65	57.53	55.95	64.77	60.23
2011	59.21	58.39	58.41	60.79	59.20
2012	58.61	57.31	57.51	59.34	58.19
2013	58.63	57.83	57.25	58.84	58.14
2014	57.48	57.86	56.85	57.78	57.49

资料来源：根据《中国金融年鉴》（2010~2015 年）整理计算得到。

贝恩最早运用市场集中率指标对产业的垄断和竞争程度进行分类研究，将垄断和竞争程度分为六个等级（Bain，1959），见表 4 - 3。结合表 4 - 2 进行分析，由于中国商业银行业存款总额、贷款总额、资产总额和净利润总额 4 项指标的 CR_4 平均值都在 60% 左右，可以看出中国商业银行业的市场结构为寡占Ⅲ型。另外，我国商业银行业的市场集中率呈现逐年下降的趋势，表明垄断正在逐渐被打破。

表 4 - 3 贝恩竞争结构分类

分类	CR_4 值（%）	CR_8 值（%）	企业总数（家）
寡占Ⅰ型	$CR_4 \geqslant 85$		1~10
寡占Ⅱ型	$75 \leqslant CR_4 < 85$	$CR_8 \geqslant 85$	20~100
寡占Ⅲ型	$50 \leqslant CR_4 < 75$	$75 \leqslant CR_8 < 85$	较多
寡占Ⅳ型	$35 \leqslant CR_4 < 50$	$45 \leqslant CR_8 < 75$	很多
寡占Ⅴ型	$30 \leqslant CR_4 < 35$	$40 \leqslant CR_8 < 45$	很多
竞争型	$CR_4 < 30$	$CR_8 < 40$	极多

资料来源：王俊豪：《现代产业经济学》，浙江人民出版社，2003。

（二）赫芬达尔指数

市场集中率能够综合地反映企业各项指标的数据及规模分布情况，但是不能说明排名前 n 位企业的个别情况以及除去前 n 位其他企业的分布情况，而赫芬达尔指数则可以很好地弥补这一点。赫芬达尔指数不仅能够反映排名前 n 位大企业市场份额的变化情况，而且可以反映其余中小企业市场份额的变化情况，还可以不受企业数量和规模分布的影响，较好地测量市场集中率的变化。银行业赫芬达尔指数是指银行业中各银行占银行业总量的百分比的平方和，用来反映银行业的市场竞争或垄断程度，其计算公式为：

$$HHI = \sum_{i=1}^{N} \left(\frac{X_i}{X} \right)^2 = \sum_{i=1}^{N} S_i^2 \qquad (4-2)$$

其中，HHI 表示赫芬达尔指数，N 为银行的总数量，$\frac{X_i}{X}$ 为市场中第 i 家银行有关指标的行业比重。HHI 的取值范围为 0～1，当 $HHI=0$ 时，银行业为完全竞争市场；当 $HHI=1$ 时，银行业为完全垄断市场。一方面，HHI 能完整反映整个银行业的垄断竞争程度；另一方面，由于平方的放大作用，HHI 对规模较大的银行市场份额的变化十分敏感，能够较好地揭示领先银行对整个行业结构的影响。

表 4-4 为 2009～2014 年中国商业银行存款总额、贷款总额、资产总额和净利润总额的 HHI 值。由于计算所得的 HHI 值通常较小，在实际应用时将其乘以 1000，并运用美国政策实践中的应用标准：若 $HHI>1800$，则市场为高度集中；若 $1000 \leqslant HHI \leqslant 1800$，则市场为适度集中；若 $HHI<1000$，则市场为低度集中。从表 4-4 可以看出，中国商业银行各项指标的 HHI 值一直处于下降的状态，说明我国商业银行业总体的市场竞争力在逐渐提高，股份制商业银行等中小银行的市场力量也在增强。

表 4 - 4　2009 ~ 2014 年中国商业银行各项指标的 *HHI* 值

类别	2009 年	2010 年	2011 年	2012 年	2013 年	2014 年
存款总额	0. 1236	0. 1195	0. 1107	0. 1011	0. 0938	0. 0879
贷款总额	0. 1076	0. 1021	0. 0974	0. 0948	0. 0909	0. 0844
资产总额	0. 1107	0. 1105	0. 0967	0. 0901	0. 0823	0. 0807
净利润总额	0. 1446	0. 1255	0. 1229	0. 1155	0. 0988	0. 0956
平均	0. 1255	0. 1189	0. 1077	0. 1003	0. 0917	0. 0825

资料来源：根据《中国金融年鉴》（2010 ~ 2015 年）整理计算得到。

三　商业银行的产品差异化

产品差异化是指企业在提供给消费者的产品上，通过各种方法形成足以引发消费者偏好的特殊性，如产品的款式、性能质量的差异或者销售服务的区别等，使顾客能够把它同其他竞争性企业提供的同类产品有效区别开来，从而达到使企业在市场竞争中占据有利地位的目的（闫新宇，2014）。根据产业组织理论，产品差异是决定市场结构的一个重要因素，企业对市场的垄断程度取决于自己的产品差异化程度。

我国银行业改革伴随着银行业差异化经营的发展。从四大国有银行的成立到金融体制改革之前，我国银行业各银行间的业务相互分割，中国工商银行主要办理信贷和居民储蓄业务，中国建设银行主要办理基本建设贷款和固定资产投资贷款业务，中国农业银行主要办理农村信贷业务，中国银行主要办理国际结算、外贸、外汇业务及相关的人民币业务。在这期间，不同银行的产品具有完全不可替代性，产品差异化程度很高。1985 年后，股份制银行的兴起打破了国有银行高度垄断的局面，金融管制改革取消对商业银行业务范围的限制后，银行之间的差异性逐步增强。之后外资银行的进入进一步改变了中国银行业的市场竞争状况，银行产品差异化程度进一步提高。

虽然银行产品差异化程度逐渐提高，但是相对于其他行业来说，商业银行的产品差异化水平仍然较低。总体来说，我国商业银行的差异化程度明显不足，主要表现在以下两个方面。

（1）业务差异化程度较低，创新产品较少。目前，我国大部分商业银行的市场定位和客户定位大致相同，大型商业银行和股份制商业银行的市场主要集中在经济发达的地区，而客户群体基本上是大行业、大企业和优质客户。同时，商业银行的业务单一，一直以传统的资产、负债业务为主，中间业务收入比重较低，尤其是商业银行服务功能的同质性严重制约了市场竞争的发展。大部分商业银行根据市场需求热点制定战略，对非热点行业缺少关注，也忽略了对自身竞争优势和对手的对比分析。竞争战略差异化的缺失必然导致某些热点行业过度竞争，而某些市场需求无法得到满足。

（2）市场营销层次低。从我国银行业的广告来看，基本上是银行的形象宣传，而广告中各银行的形象定位基本相同，并没有体现出各家银行所具有的产品特色，很难让顾客根据自己的需要选择合适的金融产品。因此，目前我国商业银行的产品差异化水平仍然较低，为提高竞争程度，商业银行应认真分析市场，准确进行市场定位并积极实施差异化战略，积极进行负债业务创新、资产业务创新，针对中间业务产品采取差异化手段，通过差异化服务赢取竞争优势。

四　商业银行的市场进退壁垒

市场壁垒是市场结构的重要组成部分，它是指产业内已有厂商与准备进入或正在进入该产业的新厂商相比所拥有的优势。由于市场容量和生产资源的有限性，新厂商的进入会导致市场和资源竞争加剧，进而影响市场垄断和竞争的程度。一般来说，进退壁垒高的产业，其垄断程度也较高。银行业进出壁垒是影响一国银行业市场结构的重要因素。

（一）进入壁垒

商业银行的进入壁垒是指在银行业中创建一家新银行所面临的障碍性因素，具体可分为两类：一是经济性进入壁垒，是由银行业的规模经济、产品差异化等内在经济性因素所引起的进入障碍；二是规制性进入壁垒，是由政府对银行业进入所采取的法律、法规和政策等外在规制性因素所引起的进入障碍。经济性进入壁垒具有平等性和自发性，即它平等适用于所有银行，并且它是新银行在进入市场后的预期收益和对竞争对手的理性分析基础上自觉做出的是否进入的抉择。而规制性进入壁垒则具有外在强制性和非平等性，对于不同银行往往采取差别政策（李一鸣、薛峰，2008）。

1. 经济性进入壁垒

在资本金方面，我国政府规定设立商业银行的注册资本金最低为10亿元，设立城市商业银行要求达到1亿元，设立农村商业银行要求达到5000万元[①]，远远高于一般性工商企业的最低注册资本要求额度。随着我国商业银行尤其是大型商业银行的发展，分支机构遍布全国，贴近市场，积累了丰富的业务经营和客户信息，具有排他性，构成了我国银行业新进入者的经济性进入壁垒。

2. 规制性进入壁垒

对于我国商业银行而言，政策性壁垒影响较大。长期以来，中国对银行业一直实施严格的政府管制政策，对现有银行以及新进入银行在市场参与、参与地域范围、参与程度等方面都实行严格的审批制度，包括禁止进入异地任意开设分支行、禁止任意扩大营业范围等。这些规制性进入壁垒削弱了我国商业银行业的可竞争性，但同时政府在市场运行中肩负着社会稳定与经济发展的重任，在我国金融产业市场机制尚不完善的条件下，这种壁垒是必不可少的。

（二）退出壁垒

商业银行的退出壁垒是指银行选择退出市场时所面临的障碍性因素，一般分为三类：一是沉没成本壁垒，是指由于银行在设立或经营

---

① 数据来源于《中华人民共和国商业银行法》。

期间投资购置的资产一般具有专用性质，转用可能性较小所引起的退出障碍；二是安置费用壁垒，是指由于银行在退出市场时对行内员工进行安置所需要的遣散费用和协调费用数额巨大且复杂所引起的退出障碍；三是政策法规壁垒，是指国家法律规定或政府干预经济活动在银行退出市场过程中形成的障碍（方莹、严太华，2005）。

1. 沉没成本壁垒

一旦银行面临破产或转产要求，专用性较强的资产转用的可能性就很小。由于我国不存在完善的银行设备流通市场，因此沉没成本壁垒很高。

2. 安置费用壁垒

我国商业银行尤其是国有商业银行机构庞大，各部门关系复杂，内部员工较多且习惯有保障的生活，因此，一旦银行选择退出市场或破产，安置过程中的遣散费用和协调费用就构成了较高的壁垒。

3. 政策法规壁垒

由于银行业的破产对社会生活各个方面会产生较大的影响，而政府承担着银行倒闭带来的社会成本，因此，国家会采取行政手段极力避免其破产。

总之，中国银行业是一个高进入壁垒和高退出壁垒的行业，这使得中国商业银行业的市场结构呈现寡头垄断的状态。

第三节　中国商业银行业的市场绩效

商业银行是社会资金中介机构，是经济运行的中心。银行产业的稳定、健康发展对我国经济发展具有决定性的作用。改革开放以来，中资银行规模迅速扩大。2013年，中国工商银行以555万亿美元的税前利润列全球第1位，中国建设银行、中国银行、中国农业银行及交通银行分别列全球第2位、第7位、第9位和第19位。在全球前30大银行中中国有5家，仅次于美国。2013年全球前30大银行的国家分布情况见图 4 - 1。我国银行利润的不断增长以及在全球中份额的上升，在一定程度上反映了我国银行的整体竞争力在逐渐提高。了解我国银行与国际银行的绩效差异，分析国内银行市场绩效的发展现状，有助于进一步优化国内银行的资源配置，调整其产业结构，进而促进国内银行产业升级。

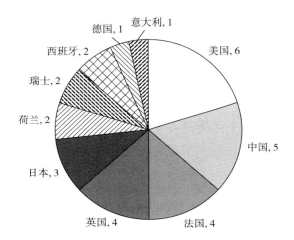

图 4 - 1　2013 年全球前 30 大银行的国家分布情况

　　本章综合考虑银行绩效评价的营利性、安全性、流动性，对国内与国际银行绩效进行比较。流动性指标因数据难以获得而暂不考虑，仅从中国银行业监督管理委员会《商业银行风险监管核心指标（试行）》中选取 3 项营利性指标和 2 项安全性指标。这 5 项指标是国际通用的对银行绩效进行考察的量化指标，也是近年来我国银行业监管部门监测的主要内容，可以保证比较分析的有效性。此外，考虑到国内、国际银行的未来发展，将发展潜力也作为一类对比指标，并用存贷款比率所代表的传统业务占比作为逆向的发展潜力指标。各类指标具体如下。

　　（1）营利性指标：资产收益率、资本收益率、成本收入率。

　　（2）安全性指标：资本充足率、不良贷款率。

　　（3）发展潜力指标：存贷款比率。

本章对各项绩效指标的分析，均遵循以下步骤：首先，运用描述统计学方法对比分析全球及国内前 30 大银行某项指标 2006 年末和 2013 年末的均值[1]，并给出 2013 年末全球前 10 大银行该项指标的大小，从直观上了解国内银行与国际银行在该项指标上的差异；其次，对国内银行和国际银行的该项指标进行 Kruskal-Wallis H 检验[2]，进一步分析国内银行与国际银行该项指标的差异是否显著。

一 营利性的国际比较

（一）资产收益率

在财务分析的基本指标体系中，资产收益率是衡量营利性的重要指标，它衡量了银行总资产的运营效果，反映了银行的管理者运营银行资产以获取利润的能力。资产收益率越高，说明银行资产运营效率越高，其计算公式为：

$$资产收益率 = 税前利润/资产总额 \times 100\% \qquad (4-3)$$

表 4-5 给出了全球前 30 大银行与国内前 30 大银行的资产收益率对比，图 4-2 给出了 2013 年末全球前 10 大银行的资产收益率对比。由此可知，截至 2013 年末，国内前 30 大银行的资产收益率有较大增长且数值已赶超全球前 30 大银行，同时全球前 10 大银行中除美国富国银行的资产收益率高于国内 4 家银行外，其他银行资产收益率均比国内 4 家银行低，这表明国内银行的营利性良好。表 4-6 给出了 2013 年末资产收益率的 Kruskal-Wallis H 检验结果，结果显示，对于全球前 30 大银行与国内前 30 大银行两个检验样本来说，渐进显著

---

[1] 同时给出 2006 年数据的原因是：截至 2005 年 5 月，国内完成了国有商业银行的不良资产剥离，从 2006 年起，国内银行绩效的发展更多是基于自身而非政府力量；以 2006 年作为基点，与 2013 年对比可以从纵向角度看出近年来国内银行经营管理水平的发展。

[2] Kruskal-Wallis H 检验是非参数检验的一种方法，用于检验不同样本的总体分布是否相同，可用于判断不同类别下某项指标是否存在显著差异，其原假设为不同样本总体分布相同，即不同类别下某项指标不存在显著差异。该检验对应于参数检验中的单因素方差分析。

性 0.000 < 0.01，在 1% 的显著性水平下拒绝原假设，即全球前 30 大银行与国内前 30 大银行的资产收益率差异显著；对于全球前 10 大银行中国内银行与其他银行两个检验样本来说，渐进显著性 0.088 < 0.1，在 10% 的显著性水平下拒绝原假设，即全球前 10 大银行中国内银行与其他银行的资产收益率差异显著。因此，不管是用哪两种检验样本，国内银行的资产收益率均显著高于国际银行。

表 4 – 5　全球前 30 大银行与国内前 30 大银行资产收益率对比

单位：%

银行类别	2006 年末	2013 年末
全球前 30 大银行	1.05	0.64
国内前 30 大银行	0.79	1.39

注：2006 年末全球前 30 大银行含中国工商银行、中国银行、中国建设银行；2013 年末全球前 30 大银行含中国工商银行、中国银行、中国建设银行和中国农业银行。

资料来源：2006 年数据来源于段建宇《中外银行产业升级比较研究》，北京交通大学博士学位论文，2009；其他数据来源于《银行家》2007 年第 7 期及 2014 年第 7 期。

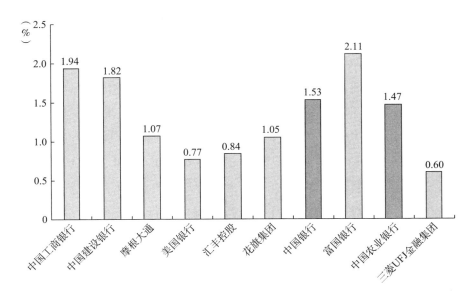

图 4 – 2　2013 年末全球前 10 大银行资产收益率对比

资料来源：《银行家》2014 年第 7 期。

表 4 - 6　2013 年末资产收益率的 Kruskal-Wallis H 检验结果

检验样本	Chi^2 统计量	渐进显著性（双侧）
全球前 30 大银行与国内前 30 大银行	17.951	0.000
全球前 10 大银行中国内银行与其他银行	2.909	0.088

注：2013 年末全球前 30 大银行含中国工商银行、中国银行、中国建设银行和中国农业银行。

资料来源：《银行家》2014 年第 7 期。

（二）资本收益率

资本收益率是衡量银行营利性的第二个指标，也是所有比例指标中综合性最强、代表性最高的一个指标，根据税后净利润与平均资本的数据计算得出，用以衡量中小银行股东每投入单位资本获得净利润的数量。资本收益率越高，说明银行给股东的回报率越高，其计算公式为：

$$资本收益率 = 税后净利润/平均资本 \times 100\% \qquad (4-4)$$

表 4 - 7 给出了全球前 30 大银行与国内前 30 大银行的资本收益率对比，图 4 - 3 给出了 2013 年末全球前 10 大银行的资本收益率对比。由此可知，截至 2013 年末，国内前 30 大银行的资本收益率有所增长且数值已赶超全球前 30 大银行，同时全球前 10 大银行中国内 4 家银行的资本收益率均高于其他银行。表 4 - 8 给出了 2013 年末资本收益率的 Kruskal-Wallis H 检验结果，结果显示，对于全球前 30 大银行与国内前 30 大银行两个检验样本来说，渐进显著性 0.000 < 0.01，在 1% 的显著性水平下拒绝原假设，即全球前 30 大银行与国内前 30 大银行的资本收益率差异显著；对于全球前 10 大银行中国内银行与其他银行两个检验样本来说，渐进显著性 0.011 < 0.05，在 5% 的显著性水平下拒绝原假设，即全球前 10 大银行中国内银行与其他银行的资本收益率差异显著。因此，不管是用哪两种检验样本，国内银行的资本收益率均显著高于国际银行。

表 4 - 7　全球前 30 大银行与国内前 30 大银行资本收益率对比

单位：%

银行类别	2006 年末	2013 年末
全球前 30 大银行	28.25	10.19
国内前 30 大银行	21.51	23.74

注：2006 年末全球前 30 大银行含中国工商银行、中国银行、中国建设银行；2013 年末全球前 30 大银行含中国工商银行、中国银行、中国建设银行和中国农业银行。

资料来源：2006 年数据来源于段建宇《中外银行产业升级比较研究》，北京交通大学博士学位论文，2009；其他数据来源于《银行家》2007 年第 7 期及 2014 年第 7 期。

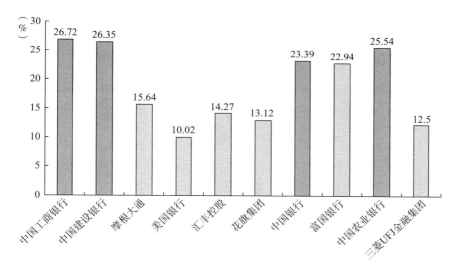

图 4 - 3　2013 年末全球前 10 大银行资本收益率对比

资料来源：《银行家》2014 年第 7 期。

表 4 - 8　2013 年末资本收益率的 Kruskal-Wallis H 检验结果

检验样本	Chi^2 统计量	渐进显著性（双侧）
全球前 30 大银行与国内前 30 大银行	27.164	0.000
全球前 10 大银行中国内银行与其他银行	6.545	0.011

注：2013 年末全球前 30 大银行含中国工商银行、中国银行、中国建设银行和中国农业银行。

资料来源：《银行家》2014 年第 7 期。

（三）成本收入率

成本收入率是衡量银行营利性的第三个指标，是反映银行在获取一定收入上成本控制能力的重要指标。成本收入率越低，说明银行单位收入的成本支出越低，银行获取收入的能力就越强，其计算公式为：

$$成本收入率 = (营业费用 + 折旧)/(利息净收入 + 非利息收入) \times 100\% \tag{4-5}$$

表4-9给出了全球前30大银行与国内前30大银行的成本收入率对比，图4-4给出了2013年末全球前10大银行的成本收入率对比。由此可知，截至2013年末，国内前30大银行的成本收入率有所降低且数值与全球前30大银行之间的差距进一步拉大，同时全球前10大银行中国内4家银行的成本收入率也均低于其他银行，这表明国内银行拥有较大的低成本优势。表4-10给出了2013年末成本收入率的Kruskal-Wallis H检验结果，结果显示，对于全球前30大银行与国内前30大银行两个检验样本来说，渐进显著性0.000 < 0.01，在1%的显著性水平下拒绝原假设，即全球前30大银行与国内前30大银行的成本收入率差异显著；对于全球前10大银行中国内银行与其他银行两个检验样本来说，渐进显著性0.014 < 0.05，在5%的显著性水平下拒绝原假设，即全球前10大银行中国内银行与其他银行的成本收入率差异显著。因此，不管是用哪两种检验样本，国内银行的成本收入率均显著低于国际银行，这表明国内银行的低成本优势明显。

表4-9　全球前30大银行与国内前30大银行成本收入率对比

单位：%

银行类别	2006 年末	2013 年末
全球前 30 大银行	58.69	61.65
国内前 30 大银行	43.49	35.25

注：2006年末全球前30大银行含中国工商银行、中国银行、中国建设银行；2013年末全球前30大银行含中国工商银行、中国银行、中国建设银行和中国农业银行。

资料来源：2006年数据来源于段建宇《中外银行产业升级比较研究》，北京交通大学博士学位论文，2009；其他数据来源于《银行家》2007年第7期及2014年第7期。

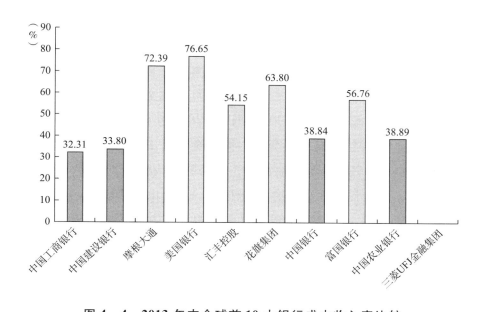

图 4 - 4　2013 年末全球前 10 大银行成本收入率比较

注：排名第 10 位的三菱 UFJ 金融集团的成本收入率数据缺失。

资料来源：《银行家》2014 年第 7 期。

表 4 - 10　2013 年末成本收入率的 Kruskal-Wallis H 检验结果

检验样本	Chi^2 统计量	渐进显著性（双侧）
全球前 30 大银行与国内前 30 大银行	26.901	0.000
全球前 10 大银行中国内银行与其他银行	6.000	0.014

注：2013 年末全球前 30 大银行含中国工商银行、中国银行、中国建设银行和中国农业银行。

资料来源：《银行家》2014 年第 7 期。

二　安全性的国际比较

（一）资本充足率

资本充足率是衡量银行安全性的重要指标，反映了商业银行在存款人和债权人的资产遭到损失之前能以自有资本承担损失的程度。资本充足率越高，银行的抗风险能力就越强，其计算公式为：

$$资本充足率 = （资本净额/风险加权资产） \times 100\% \qquad (4-6)$$

表4-11给出了全球前30大银行与国内前30大银行的资本充足率对比，图4-5给出了2013年末全球前10大银行的资本充足率对比。由此可知，截至2013年末，国内前30大银行的资本充足率依然低于全球前30大银行且差距变大，同时全球前10大银行中国内4家银行的资本充足率均低于其他银行，这表明国内银行抵御资产风险的能力与国际先进水平的差距拉大。表4-12给出了2013年末资本充足率的Kruskal-Wallis H检验结果，结果显示，对于全球前30大银行与国内前30大银行两个检验样本来说，渐进显著性0.000 < 0.01，在1%的显著性水平下拒绝原假设，即全球前30大银行与国内前30大银行的资本充足率差异显著；对于全球前10大银行中国内银行与其他银行两个检验样本来说，渐进显著性0.011 < 0.05，在5%的显著性水平下拒绝原假设，即全球前10大银行中国内银行与其他银行的资本充足率差异显著。因此，不管是用哪两种检验样本，国内银行的资本充足率均显著低于国际银行，这表明国内银行抵御资产风险的能力还有所欠缺。

表4-11　全球前30大银行与国内前30大银行资本充足率对比

单位：%

银行类别	2006年末	2013年末
全球前30大银行	12.12	13.19
国内前30大银行	12.05	9.42

注：2006年末全球前30大银行含中国工商银行、中国银行、中国建设银行；2013年末全球前30大银行含中国工商银行、中国银行、中国建设银行和中国农业银行。

资料来源：2006年数据来源于段建宇《中外银行产业升级比较研究》，北京交通大学博士学位论文，2009；其他数据来源于《银行家》2007年第7期及2014年第7期。

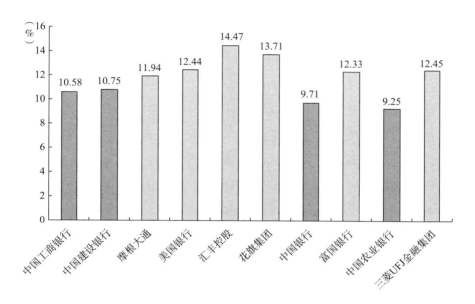

图 4 - 5 2013 年末全球前 10 大银行资本充足率对比

资料来源:《银行家》2014 年第 7 期。

表 4 - 12 2013 年末资本充足率的 Kruskal-Wallis H 检验结果

检验样本	Chi^2 统计量	渐进显著性（双侧）
全球前 30 大银行与国内前 30 大银行	30.498	0.000
全球前 10 大银行中国内银行与其他银行	6.545	0.011

注: 2013 年末全球前 30 大银行含中国工商银行、中国银行、中国建设银行和中国农业银行。

资料来源:《银行家》2014 年第 7 期。

(二) 不良贷款率

不良贷款率是衡量银行安全性的另一个指标，良好的资产质量是商业银行生存发展的基础和保证，也是银行经营成果的重要体现。不良贷款率越高，资产质量越低，说明在银行资产中有越来越多的原有贷款或者新发放的贷款在企业的低效率消耗中固化为滞销库存产品或者亏损，其计算公式为：

$$不良贷款率 = （不良贷款/贷款余额）×100\% \qquad (4-7)$$

表 4 - 13 给出了全球前 30 大银行与国内前 30 大银行的不良贷款率对比，图 4 - 6 给出了 2013 年末全球前 10 大银行的不良贷款率对比。由此可知，截至 2013 年末，国内前 30 大银行的不良贷款率已有明显的降低且数值已远低于全球前 30 大银行，同时全球前 10 大银行中国内 4 家银行的不良贷款率也均低于其他银行，这表明国内银行的资产质量赶超国际银行，显示出其良好的经营能力。表 4 - 14 给出了2013 年末不良贷款率的 Kruskal-Wallis H 检验结果，结果显示，对于全球前 30 大银行与国内前 30 大银行两个检验样本来说，渐进显著性 0. 000 < 0. 01，在 1% 的显著性水平下拒绝原假设，即全球前 30 大银行与国内前 30 大银行的不良贷款率差异显著；对于全球前 10 大银行中国内银行与其他银行两个检验样本来说，渐进显著性 0. 014 < 0. 05，在 5% 的显著性水平下拒绝原假设，即全球前 10 大银行中国内银行与其他银行的不良贷款率差异显著。因此，不管是用哪两种检验样本，国内银行的不良贷款率均显著低于国际银行，这表明国内银行的资产质量已赶超世界先进水平。

表 4 - 13　全球前 30 大银行与国内前 30 大银行不良贷款率对比

单位：%

银行类别	2006 年末	2013 年末
全球前 30 大银行	1. 84	3. 42
国内前 30 大银行	4. 45	0. 89

注：2006 年末全球前 30 大银行含中国工商银行、中国银行、中国建设银行；2013 年末全球前 30 大银行含中国工商银行、中国银行、中国建设银行和中国农业银行。

资料来源：2006 年数据来源于段建宇《中外银行产业升级比较研究》，北京交通大学博士学位论文，2009；其他数据来源于《银行家》2007 年第 7 期及 2014 年第 7 期。

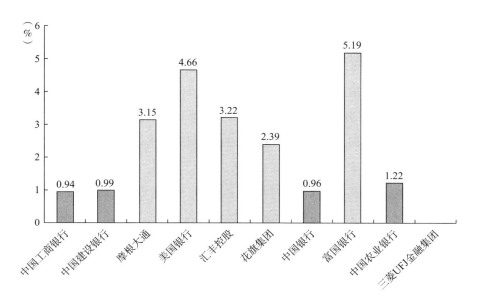

图 4 - 6 2013 年末全球前 10 大银行不良贷款率对比

注：排名第 10 位的三菱 UFJ 金融集团的不良贷款率数据缺失。

资料来源：《银行家》2014 年第 7 期。

表 4 - 14 2013 年末不良贷款率的 Kruskal-Wallis H 检验结果

检验样本	Chi² 统计量	渐进显著性（双侧）
全球前 30 大银行与国内前 30 大银行	22.919	0.000
全球前 10 大银行中国内银行与其他银行	6.000	0.014

注：2013 年末全球前 30 大银行含中国工商银行、中国银行、中国建设银行和中国农业银行。

资料来源：《银行家》2014 年第 7 期。

三 发展潜力的国际比较

商业银行大力发展中间业务，能够在获取非利息收入的同时，突破其自身资本金、人力和网点设置等资源限制，从而提升其发展能力，因此，商业银行中间业务的发展程度集中显示出其发展潜力。考虑到数据的可得性，本章采用存贷款比率作为衡量银行发展潜力的逆向指标。存贷款比率较高，表示银行的传统业务比例相对较高，中间业务比例相对较低，发展潜力较小，其计算公式为：

$$存贷款比率 = 贷款总额/资产总额 \times 100\% \qquad (4-8)$$

表4-15给出了全球前30大银行与国内前30大银行的存贷款比率对比，图4-7给出了2013年末全球前10大银行的存贷款比率对比。由此可知，国内前30大银行的存贷款比率高于全球前30大银行，但差别不太大，同时全球前10大银行中国内4家银行的存贷款比率要明显高于其他银行（富国银行除外），这表明国内银行的经营依然以传统业务为主，大型商业银行尤其明显，发展潜力有限。表4-16给出了2013年末存贷款比率的Kruskal-Wallis H检验结果，结果显示，对于全球前30大银行与国内前30大银行两个检验样本来说，渐进显著性0.520远远大于0.1，接受原假设，即全球前30大银行与国内前30大银行的存贷款比率差异并不显著；对于全球前10大银行中国内银行与其他银行两个检验样本来说，渐进显著性0.019 < 0.05，在5%的显著性水平下拒绝原假设，即全球前10大银行中国内银行与其他银行的存贷款比率差异显著。因此，当前国内四大国有商业银行依然以传统存贷业务为主，资产结构单一，发展潜力显著低于世界先进水平。

表4-15　全球前30大银行与国内前30大银行存贷款比率对比

单位：%

银行类别	2006 年末	2013 年末
全球前 30 大银行	—	46.11
国内前 30 大银行	—	49.94

注：2013年末全球前30大银行含中国工商银行、中国银行、中国建设银行和中国农业银行。

资料来源：2006年数据缺失，其他数据来源于《银行家》2014年第7期。

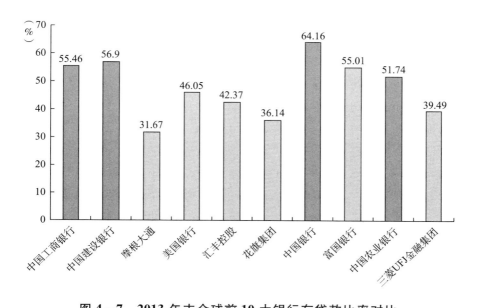

图 4 - 7　2013 年末全球前 10 大银行存贷款比率对比

资料来源：《银行家》2014 年第 7 期。

表 4 - 16　2013 年末存贷款比率的 Kruskal-Wallis H 检验结果

检验样本	Chi^2 统计量	渐进显著性（双侧）
全球前 30 大银行与国内前 30 大银行	0.414	0.520
全球前 10 大银行中国内银行与其他银行	5.500	0.019

注：2013 年末全球前 30 大银行含中国工商银行、中国银行、中国建设银行和中国农业银行。

资料来源：《银行家》2014 年第 7 期。

四　国内银行与国际银行的经营模式及其监管差异分析

根据以上对国内银行和国际银行三类 6 项指标的对比分析可知，近年来，国内银行的公司治理水平显著提升，其盈利能力和资产质量均已赶超国际先进水平，资本充足率与国际先进水平略有差距，而以传统存贷业务为主的资产结构显著制约着四大国有商业银行的发展潜力。由于我国商业银行有着与国际商业银行迥异的金融环境，仅将国内银行与国际银行数据指标逐项对比而简单得出两者绩效不同并不能全面反映其差异，进一步分析其经营模式及其监管差异等深层次因素，有助于深入了解我国商业银行的短板，进一步挖掘我国商业银行绩效的提升空间。

总体来说，银行的经营模式有分业经营和混业经营两种，相应的监管政策分别是分业监管和混业监管。分业经营是指传统商业银行业务与现代投资银行业务、融资业务与保险业务、银行业务与非银行业务分别由不同的机构来经营，国家通过法律明确界定不同机构的业务范围；混业经营是指同一机构可以经营不同性质的业务，商业银行可以经营投资银行业务，银行可以经营保险业务，也可以直接从事房地产业务等，法律对各种机构的营业范围不做明确限定（钟廷刚，2002）。也有相关研究称银行混业经营为金融混业经营（薛和生、丁浩舟，2006）或者银行业综合经营（张沧丽等，2011）。

目前世界上包括美国、欧洲和日本在内的大多数国家或地区的商业银行实行混业经营、混业监管。混业经营模式总体来说包括以下三种。一是直接结合模式（以瑞士为代表），是指全面整合银行业务、证券业务、保险业务、信托业务以及其他金融业务，完全由单一银行以分设事业部门的方式全盘经营，是真正的综合银行。二是间接结合模式，是指金融机构若要经营其他异种金融业务，必须另设不同的金融机构以示区别，同时该种模式又分为转投资公司型（以日本为代表）与金融控股公司型（以美国为代表）两种形态。转投资公司型是指银行本身除可经营银行业务外，还可通过转投资设立各种子公司，以经营证券、保险、信托或其他金融相关业务；金融控股公司型是指设立金融控股公司对各机构实行控制性持股，该公司可持有某一银行、保险公司或证券公司25%以上的有投票权的股票，或者能控制其董事会的选举，并对其经营管理决策有决定性影响。三是混合结合模式（以德国为代表），是指银行除经营传统银行业务外，还得直接兼营证券业务，而其他诸如保险或信托等金融相关业务，则必须以转投资子公司方式经营（许多奇、萧凯，2003；薛和生、丁浩舟，2006）。混业经营模式见图4-8。

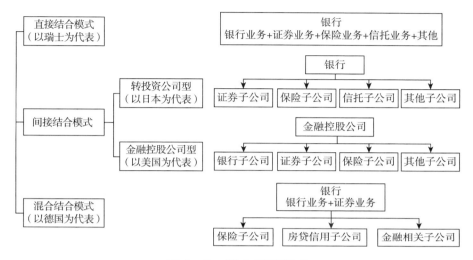

图 4 - 8　混业经营模式

　　与国际先进银行不同，我国商业银行实行的是分业经营、分业监管。1993 年，国家出台《国务院关于金融体制改革的决定》，对"分业经营"做出明确规定，在全国金融系统推行分业经营、分业监管的政策。之后，随着 1995 年《中华人民共和国商业银行法》《中华人民共和国保险法》和 1999 年《中华人民共和国证券法》的实施，以及中国人民银行、中国证监会、中国保监会、中国银监会组织体系的构建，中国金融业进入严格的全面分业经营、分业监管阶段，银行业、保险业、信托业、证券业分开运作，从公司组织、股本结构到人事安排、业务范围都要划分开来。近年来，分业经营的限制有所放松，在分业监管的"缝隙"中，国内金融机构也有一些混合经营的渐进式探索。例如，中国建设银行的中金公司、中国银行的中银国际、中国工商银行的工银亚洲等是国内银行设立的境外分支机构，用于开展资产组合业务的探索；中国平安保险股份有限公司、中国光大集团和山东电力集团等涉足银行、证券、保险和实业投资领域；中国建设银行通过并购兴泰信托、兴业银行通过并购联华信托等涉足信托行业；等等（刘毅、于薇，2010；胡挺、王继康，2013）。但总体来看，分业监管导致的保守经营观念使我国商业银行的眼光只盯住存、贷、汇等传统业务，目前的服务品种也仅有国际结算、保函、保理和外汇买卖等，而风险大、操作复杂、技术要求高的诸如期权、期货交易及其相关服务品种很少涉及，金融产品创新的动力严重缺乏（欧阳琦，2004；哈斯，2014）。

与分业经营相比，混业经营具有以下三个方面的优势。一是效率优势。政府和监管部门对分业经营的种种制度约束构成事实上的金融压制，不仅影响了金融系统的整体效率，而且也割裂了金融系统各功能之间的内在联系，削弱了产业的竞争力。混业经营的效率优势决定了它是各国金融改革的终极目标，实现商业银行的混业经营是提高商业银行国际竞争力的必然要求（符贵兴，2002）。二是成本优势。实行混业经营的银行可以充分利用现有的网点为客户提供全方位的金融服务，降低了信息成本，提升了盈利能力（潘竟琴，2003）。三是风险优势。由于业务种类多样化，混业经营机构各业务波动周期和基础多有不同。当某一部门和机构业务陷入困境时，还有其他部门或机构收益相抵，不会对整个机构产生重大乃至致命的影响，可以弥补分业经营业务单一造成的风险集中的不足（邓念、郑明高，2010）。随着外资银行的进入、利率市场化的深入以及我国资本市场的不断发展，银行存贷利差将会逐步收窄，仅依靠利差收入推动收益增长的传统增长方式将难以为继。从前文有关绩效的国际比较也可以看出，虽然我国商业银行的多项指标已赶超世界先进水平，但从资源配置来看，我国大型商业银行的贷款占比显著高于世界先进水平，即传统存贷业务依然是其获取利润的主要来源。如果我国商业银行继续实行分业经营，业务增长不能及时向多元化转型，就会影响其未来的发展（初苏华，2007）。因此，实行混业经营是国内银行提升自身竞争力、增强与国际先进银行竞争潜力的理性选择，也是我国银行业发展的必然趋势（谢启标，2008；郑春东等，2013）。

第四节　银行绩效指标体系的建立

随着外资银行的不断进入以及利率市场化进程的加快，我国银行业经营面临巨大的竞争与挑战。如何全面客观地评价商业银行的经营状况，从而发现其薄弱环节，引导其经营行为，对商业银行综合竞争力的提升具有重大的现实意义。商业银行绩效作为反映其经营状况的重要指标成为研究的热点。理论界关于商业银行绩效的定义尚未形成统一的认识，尤其是对效率与绩效的关系存在争议。有学者把商业银行效率等同于商业银行绩效（上官飞、舒长江，2011；王赫一、张屹山，2012）；也有学者认为商业银行效率只是商业银行绩效的一个方面（汪翀，2011）；还有学者认为商业银行效率是比商业银行绩效更具综合性的指标，更能反映商业银行的综合竞争力（熊正德等，2008；齐天翔、杨大强，2008）。本章认为，狭义的商业银行绩效是指反映商业银行经营结果的业绩；广义的商业银行绩效既包括反映商业银行经营结果的业绩，又包括反映商业银行运营过程中投入产出的效率。在此主要关注商业银行的经营结果，因此本章所指商业银行绩效是指狭义的绩效。

已有研究主要通过构建评价指标体系来分析商业银行绩效。构建方法主要有三类：第一类是财务指标评价体系，主要侧重于商业银行财务指标，评价方法主要有主成分分析法、因子分析法等（曹永霞，2007；朱晓洋等，2010；周学东、林文顺，2014）；第二类是非财务指标评价体系，主要是从政府角度对商业银行绩效进行评价，侧重于商业银行价值等定性指标，评价方法主要有层次分析法、问卷调查法等（陈丽娜、刘燕，2008；陈全兴、王晓娜，2012）；第三类是综合指标评价体系，以财务指标为主、非财务指标为辅，评价方法主要有增加值法、平衡计分卡法等（杨淑萍、赵秀娟，2009；韩明、谢赤，2009；字兰、黄儒靖，2009；鲜思东、杨春德，2010；李宋岚、刘嫦娥，2010）。综合考虑商业银行的营利性、安全性、流动性、规模及发展能力五个方面构建商业银行绩效评价指标体系，本章选取我国 14家主要商业银行 2008 ~ 2013 年的相关数据，借助因子分析法对大型商业银行和股份制商业银行两个层次进行绩效评价。

一　指标选取

考虑指标的全面性和可操作性，本章选取营利性指标、安全性指标、流动性指标、规模指标及发展能力指标五类指标来构建商业银行绩效评价指标体系。

（一）营利性指标

营利性是商业银行持续经营的内在动力和源泉，商业银行只有具备较好的营利性才能吸引客户。本章选取净资产收益率和净利润增长率来反映商业银行的盈利能力。其中，净资产收益率和净利润增长率均与商业银行经营绩效正相关。

（二）安全性指标

商业银行在经营过程中必须注重资产质量，并保证自身有足够的能力应对各种可能发生的风险和损失。本章选取资本充足率、不良贷款率和拨备覆盖率来反映商业银行运营的安全状况。资本充足率反映商业银行的资本充足状况，不良贷款率反映商业银行不良贷款的规模，拨备覆盖率反映商业银行控制其不良贷款造成损失的能力。其中，拨备覆盖率和资本充足率与商业银行经营绩效正相关，不良贷款率与商业银行经营绩效负相关。

（三）流动性指标

商业银行在经营货币的同时还要应付日常的提取、结算等，这就需要其持有较高的流动性资产以保持流动的能力。本章选取存贷款比率来反映商业银行的流动性。存贷款比率是适度指标，商业银行存贷款比率的最佳值为 0.75，因此商业银行存贷款比率越接近 0.75，其经营绩效就越高。

（四）规模指标

商业银行的整体规模水平决定了其市场势力的大小，是影响银行绩效的重要因素。本章选取总资产规模、存款总额及贷款总额来反映商业银行的整体规模。商业银行的资产规模越大，其市场势力就越大，经营绩效也越高。由于当前商业银行依然以传统业务为主，存款规模及贷款规模越大，商业银行的盈利能力就越强，因此商业银行的总资产规模、存款总额及贷款总额均与其经营效率正相关。

（五）发展能力指标

商业银行的可持续发展性是评价商业银行运营的重要因素。本章选取非利息收入占比、总资产增长率、存款增长率及贷款增长率来反映商业银行发展能力。商业银行非利息收入在一定程度上体现了其非传统业务的盈利能力，代表商业银行突破其传统业务的潜力，研究发现非利息收入能够提供多样化收益，与利息收入相比更能稳定银行利润（Saunders and Walter，1994；Rosie et al.，2003）；总资产增长率、存款增长率及贷款增长率体现了商业银行的成长性，其成长性越强，盈利能力就越强。因此，非利息收入占比、总资产增长率、存款增长率及贷款增长率均与商业银行绩效正相关。

商业银行绩效评价指标体系见表 4 - 17。

表 4 - 17　商业银行绩效评价指标体系

具体指标		指标计算	预期符号
营利性指标	净资产收益率（X_1）	净利润/净资产	+
	净利润增长率（X_2）	当年净利润/上年净利润	+

具体指标		指标计算	预期符号
安全性指标	资本充足率（X_3）	资本总额/加权平均风险资产	+
	不良贷款率（X_4）	不良贷款/资产总额	−
	拨备覆盖率（X_5）	（一般准备 + 专项准备 + 特种准备）／（次级类贷款 + 可疑类贷款 + 损失类贷款）	+
流动性指标	存贷款比率（X_6）	贷款总额/存款总额	?
规模指标	总资产规模（X_7）	当年总资产	+
	存款总额（X_8）	当年存款总额	+
	贷款总额（X_9）	当年贷款总额	+
发展能力指标	非利息收入占比（X_{10}）	非利息收入/营业收入	+
	总资产增长率（X_{11}）	当年总资产/上年总资产	+
	存款增长率（X_{12}）	当年存款总额/上年存款总额	+
	贷款增长率（X_{13}）	当年贷款总额/上年贷款总额	+

由于各指标之间的相关性较大，本章利用面板数据因子分析法，根据变量相关性的大小提取综合变量即公共因子，从而用数量较少、相互独立，同时又能集中反映原始变量所含有的大部分信息的公共因子，来代替数量相对较多、相互关联的原始变量，从而达到简化分析的目的。因子分析的基本步骤主要是：首先，提取公共因子；其次，对公共因子命名；再次，求各因子得分及综合得分；最后，根据各因子得分及综合得分进行分析。

二 数据说明

本章选取 2008 ~ 2013 年我国 14 家主要商业银行作为研究对象，相关指标数据均来源于《中国金融年鉴》（2009 ~ 2013 年）及 2008 ~ 2014 年样本银行公开发布的年报。其中，对不良贷款率取倒数，从而化负向指标为正向指标；存贷款比率为适度指标，处理后的存贷款比率 = 1/abs（存贷款比率 − 0.75），从而化适度指标为正向指标。此外，由于指标数据具有不同的量纲，因此在进行分析之前需要对各指标进行标准化处理。各指标描述统计见表 4 - 18。

表 4 - 18 各指标描述统计

指标	均值	最大值	最小值	标准差
净资产收益率（X_1）	0.204	0.367	0.043	0.042
净利润增长率（X_2）	0.413	7.193	-0.768	0.874
资本充足率（X_3）	0.115	0.143	0.086	0.013
不良贷款率调整后（X_4）	110.574	263.158	23.148	48.922
拨备覆盖率（X_5）	2.421	4.996	0.635	0.859
存贷款比率调整后（X_6）	37.109	243.902	4.139	42.171
总资产规模（X_7）	48471.920	189177.500	4744.400	48026.860
存款总额（X_8）	37889.360	146208.300	3605.140	39393.230
贷款总额（X_9）	25284.520	99223.740	2837.414	25189.580
非利息收入占比（X_{10}）	0.181	0.479	0.064	0.072
总资产增长率（X_{11}）	0.218	0.730	0.039	0.103
存款增长率（X_{12}）	0.196	0.512	0.040	0.091
贷款增长率（X_{13}）	0.198	0.603	-0.108	0.102

三 绩效测定与分析

用 SPSS 20.0 软件对标准化后的数据进行因子分析，KMO 值为 0.736，大于 0.5，且 Bartlett's Test 的相伴概率值为 0，表明适合做因子分析。按照特征值大于 1 的原则，提取 5 个公共因子，具体结果见表 4 - 19。由表 4 - 19 可知，5 个公共因子的累计方差贡献率达到了 79.973%，表明 5 个公共因子提取了 13 个原始变量大部分的信息。

表 4 - 19 特征值及方差贡献率

公共因子	特征值	方差贡献率（%）	累计方差贡献率（%）
1	3.787	29.128	29.128
2	2.205	16.964	46.092

续表

公共因子	特征值	方差贡献率（%）	累计方差贡献率（%）
3	2.101	16.162	62.254
4	1.209	9.297	71.551
5	1.095	8.421	79.973

为了得到经济含义更清晰的因子，用最大方差法进行因子旋转，得到旋转后的因子载荷矩阵，具体结果见表 4-20。由表 4-20 可知，①公共因子 F_1 在总资产规模、存款总额、贷款总额、资本充足率及非利息收入占比上载荷较多，其中资本充足率和非利息收入占比的载荷相对较小。总资产规模、存款总额和贷款总额 3 个指标反映商业银行经营的总体规模状况，资本充足率可反映商业银行应对经营风险的资本规模，非利息收入占比可代表商业银行非传统业务的相对规模，因此可以将 F_1 命名为规模因子。②公共因子 F_2 在总资产增长率、存款增长率及贷款增长率上载荷较多。这 3 个指标反映商业银行的成长性，因此可以将 F_2 命名为成长因子。③公共因子 F_3 在不良贷款率及拨备覆盖率上载荷较多。这 2 个指标反映商业银行的安全性，因此可以将 F_3 命名为安全因子。④公共因子 F_4 在净资产收益率及净利润增长率上载荷较多。这 2 个指标反映商业银行的盈利能力，因此可以将 F_4 命名为盈利因子。⑤公共因子 F_5 在存贷款比率上载荷较多。这个指标反映商业银行的流动性，因此可以将 F_5 命名为流动因子。

表 4-20　旋转后的因子载荷矩阵

指标	F_1	F_2	F_3	F_4	F_5
净资产收益率（X_1）	0.107	-0.002	0.569	**0.590**	0.070
净利润增长率（X_2）	-0.119	0.115	-0.075	**0.874**	-0.054
资本充足率（X_3）	**0.689**	-0.189	0.165	-0.252	-0.014
不良贷款率（X_4）	-0.185	0.159	**0.887**	-0.013	0.027
拨备覆盖率（X_5）	0.026	-0.154	**0.934**	-0.033	-0.035

续表

指标	F_1	F_2	F_3	F_4	F_5
存贷款比率（X_6）	- 0.309	- 0.064	0.033	- 0.011	**0.831**
总资产规模（X_7）	**0.923**	- 0.249	- 0.082	0.026	- 0.158
存款总额（X_8）	**0.916**	- 0.241	- 0.119	0.037	- 0.169
贷款总额（X_9）	**0.932**	- 0.242	- 0.092	0.030	- 0.113
非利息收入占比（X_{10}）	**0.633**	0.089	- 0.048	- 0.051	0.523
总资产增长率（X_{11}）	- 0.307	**0.725**	0.159	- 0.036	- 0.171
存款增长率（X_{12}）	- 0.314	**0.863**	0.029	0.047	- 0.047
贷款增长率（X_{13}）	- 0.054	**0.803**	- 0.164	0.151	0.153

注：加粗数据表示因子在该变量上载荷较大。

SPSS 20.0 运行过程中可以得到因子得分系数矩阵（见表4-21）。

表 4-21　因子得分系数矩阵

变量	F_1	F_2	F_3	F_4	F_5
净资产收益率（X_1）	0.069	- 0.022	0.247	0.474	0.087
净利润增长率（X_2）	- 0.025	- 0.047	- 0.091	0.740	- 0.034
资本充足率（X_3）	0.205	0.059	0.123	- 0.207	0.028
不良贷款率（X_4）	0.013	0.083	0.428	- 0.080	0.012
拨备覆盖率（X_5）	0.020	- 0.055	0.454	- 0.070	- 0.036
存贷款比率（X_6）	- 0.057	- 0.087	- 0.002	0.017	0.750
总资产规模（X_7）	0.251	0.034	- 0.004	0.048	- 0.082
存款总额（X_8）	0.248	0.035	- 0.023	0.058	- 0.092
贷款总额（X_9）	0.259	0.040	- 0.009	0.053	- 0.040
非利息收入占比（X_{10}）	0.271	0.191	0.012	- 0.036	0.533
总资产增长率（X_{11}）	0.036	0.368	0.086	- 0.118	- 0.174
存款增长率（X_{12}）	0.064	0.437	0.021	- 0.049	- 0.055
贷款增长率（X_{13}）	0.147	0.441	- 0.068	0.062	0.153

由此可得各因子得分的计算公式为：

$$F_1 = 0.069X_1 - 0.025X_2 + 0.205X_3 + 0.013X_4 + 0.020X_5 - 0.057X_6 + 0.251X_7$$
$$+ 0.248X_8 + 0.259X_9 + 0.271X_{10} + 0.036X_{11} + 0.064X_{12} + 0.147X_{13}$$

$$F_2 = -0.022X_1 - 0.047X_2 + 0.059X_3 + 0.083X_4 - 0.055X_5 - 0.087X_6 + 0.034X_7$$
$$+ 0.035X_8 + 0.040X_9 + 0.191X_{10} + 0.368X_{11} + 0.437X_{12} + 0.441X_{13}$$

$$F_3 = 0.247X_1 - 0.091X_2 + 0.123X_3 + 0.428X_4 + 0.454X_5 - 0.002X_6 - 0.004X_7$$
$$- 0.023X_8 - 0.009X_9 + 0.012X_{10} + 0.086X_{11} + 0.021X_{12} - 0.068X_{13}$$

$$F_4 = 0.474X_1 + 0.740X_2 - 0.207X_3 - 0.080X_4 - 0.070X_5 + 0.017X_6 + 0.048X_7$$
$$+ 0.058X_8 + 0.053X_9 - 0.036X_{10} - 0.118X_{11} - 0.049X_{12} + 0.062X_{13}$$

$$F_5 = 0.087X_1 - 0.034X_2 + 0.028X_3 + 0.012X_4 - 0.036X_5 + 0.750X_6 - 0.082X_7$$
$$- 0.092X_8 - 0.040X_9 + 0.533X_{10} - 0.174X_{11} - 0.055X_{12} + 0.153X_{13}$$

$$(4-9)$$

以各因子的方差贡献率占提取的总方差贡献率的比重为权重，对各因子得分进行加权平均，可以得到商业银行绩效的综合评价指标 F 的得分，即综合得分，其计算公式为：

$$F = 0.291F_1 + 0.170F_2 + 0.162F_3 + 0.093F_4 + 0.084F_5 \qquad (4-10)$$

根据式 4-9 和式 4-10 可以计算得到样本银行各因子得分及综合得分。表 4-22 给出了样本银行各因子得分、综合得分的平均值及排名（为方便分析，下文提到的因子排名或因子得分均对应其平均值）。根据表 4-22 样本银行在规模因子（F_1）、成长因子（F_2）、安全因子（F_3）、盈利因子（F_4）、流动因子（F_5）及其综合评价指标（F）中的排名，可以从商业银行个体角度对其绩效进行静态对比分析。

表 4-22　样本银行各因子得分、综合得分的平均值及排名

名称	F_1	排名	F_2	排名	F_3	排名	F_4	排名	F_5	排名	F	排名
工行	1.749	1	-0.548	12	-0.176	8	0.201	4	-0.534	11	0.494	1
建行	1.407	2	-0.387	9	-0.238	9	0.089	7	-0.340	8	0.393	2

续表

名称	F_1	排名	F_2	排名	F_3	排名	F_4	排名	F_5	排名	F	排名
中行	1.277	3	−0.026	7	−0.655	12	0.029	9	0.327	4	0.381	3
农行	0.697	4	−0.858	13	−0.762	13	0.090	6	−0.990	14	−0.110	10
交行	0.379	5	0.327	4	−0.384	10	−0.462	13	0.740	3	0.110	6
兴业	−0.352	7	1.084	2	1.540	1	0.060	8	−0.404	10	0.292	4
广发	−0.906	13	−0.404	10	−0.890	14	−0.208	11	−0.026	7	−0.584	13
浦发	−0.552	10	0.293	5	1.179	2	0.305	2	−0.548	12	0.029	7
平安	−0.754	11	1.498	1	−0.139	6	0.441	1	−0.387	9	−0.095	9
民生	−0.504	9	0.147	6	0.220	4	0.015	10	1.084	2	−0.013	8
招商	−0.222	6	−0.340	8	0.695	3	0.143	5	1.498	1	0.229	5
中信	−0.387	8	0.740	3	−0.157	7	−0.636	14	0.147	6	−0.169	11
光大	−0.757	12	−0.534	11	0.171	5	0.206	3	0.293	5	−0.239	12
华夏	−1.076	14	−0.990	14	−0.404	11	−0.273	12	−0.858	13	−0.718	14

（1）由规模因子（F_1）的排名来看，区分比较明显，中国工商银行、中国建设银行、中国银行、中国农业银行及交通银行5家大型商业银行依次排在前5位，这表明各大型商业银行均拥有规模优势；招商银行和兴业银行是股份制商业银行中排名较靠前者，其他股份制商业银行排名较靠后，规模优势较弱。

（2）由成长因子（F_2）的排名来看，平安银行排在第1位，兴业银行次之，表明这两家银行的成长性较强，从而能带来较高的绩效水平；华夏银行、中国农业银行和中国工商银行排名均较落后。

（3）由安全因子（F_3）的排名来看，兴业银行排在第1位，浦发银行次之，表明这两家银行的安全性较高；广发银行、中国农业银行和中国银行排名落后，安全性较差，应更加注重对不良资产的控制。

（4）由盈利因子（F_4）的排名来看，平安银行排在第1位，浦发银行次之，表明这两家银行的营利性较强；中信银行、交通银行和华夏银行排名落后，营利性较差，盈利能力有待提升。

（5）由流动因子（F_5）的排名来看，招商银行排在第 1 位，民生银行次之，表明这两家银行的流动性较高；中国农业银行、华夏银行和浦发银行排名落后，流动性较差，容易导致流动性风险。

（6）由综合评价指标排名来看，中国工商银行排在第 1 位，其较高的绩效水平主要来源于较大的规模及较强的盈利能力；中国建设银行和中国银行分别排在第 2 位和第 3 位，其较高的绩效水平均主要来源于较大的规模；兴业银行排在第 4 位，也是股份制商业银行中排名最靠前者，赶超了大型商业银行中的交通银行和中国农业银行，其较高的绩效水平主要来源于较强的成长性及较高的安全性；招商银行排在第 5 位，同样赶超了大型商业银行中的交通银行和中国农业银行，其较高的绩效水平主要来源于较高的安全性及较好的流动性；交通银行排在第 6 位，其较高的绩效水平主要来源于较大的规模、较强的成长性及较好的流动性；浦发银行排在第 7 位，其拥有较高的安全性及较强的营利性，但其相对较小的规模和较差的流动性拉低了其绩效水平；民生银行排在第 8 位，其拥有较高的安全性及较好的流动性，其相对较小的规模和较弱的营利性是影响其绩效水平的重要因素；平安银行排在第 9 位，其成长性及营利性都是最强的，同样是较小的规模和较差的流动性拉低了其绩效水平；中国农业银行排在第 10 位，也是 5 家大型商业银行中排名最靠后的银行，较弱的成长性、较低的安全性及较差的流动性均拉低了其绩效水平；中信银行排在第 11 位，其营利性最差，其他因子排名一般，绩效水平较差；光大银行排在第 12 位，较小的规模及较弱的成长性是影响其绩效水平的重要因素；广东发展银行排在第 13 位，其规模因子、成长因子、安全因子及盈利因子排名均比较靠后；华夏银行排在第 14 位，其各项因子排名几乎处于最后，绩效水平最差。

通过对商业银行个体的对比分析可知，5 家大型商业银行的规模优势均比较明显，成长性、安全性及流动性等方面相对较差；9 家股份制商业银行的规模优势不太明显，成长性、安全性及流动性等方面相对较好；5 家大型商业银行的营利性排名一般，与 9 家股份制商业银行的营利性相差不大；5 家大型商业银行中除中国农业银行外均具有相对较高的综合绩效水平，9 家股份制商业银行中除兴业银行、招商银行和浦发银行的综合绩效水平相对较高外，其他股份制商业银行的综合绩效水平均相对较低。总的来说，5 家大型商业银行比股份制商业银行拥有更高的绩效。

表 4 - 23 给出了各年份大型商业银行整体、股份制商业银行整体及样本银行整体的各因子得分及综合绩效得分平均值。

表 4 - 23　各年份商业银行整体的各因子得分及综合得分平均值

因子		2008 年	2009 年	2010 年	2011 年	2012 年	2013 年
规模因子	五大	0.141	1.089	1.134	1.207	1.489	1.551
	其他	- 1.009	- 0.584	- 0.716	- 0.551	- 0.342	- 0.471
	总体	- 0.599	0.014	- 0.055	0.077	0.312	0.251
成长因子	五大	- 0.385	1.293	- 0.040	- 0.576	- 0.676	- 0.755
	其他	- 0.111	1.337	0.156	- 0.115	0.051	- 0.685
	总体	- 0.202	1.384	0.123	- 0.241	- 0.203	- 0.757
安全因子	五大	- 1.375	- 1.110	- 0.405	0.010	0.229	- 0.008
	其他	- 0.692	- 0.436	0.540	1.230	0.750	0.086
	总体	- 0.936	- 0.677	0.202	0.794	0.564	0.052
盈利因子	五大	- 0.406	0.553	0.169	0.009	- 0.239	- 0.151
	其他	0.062	0.508	0.043	- 0.160	- 0.255	- 0.162
	总体	- 0.105	0.524	0.088	- 0.100	- 0.249	- 0.158
流动因子	五大	- 0.866	0.246	0.114	- 0.231	- 0.191	- 0.029
	其他	0.132	0.163	0.000	- 0.279	- 0.022	0.538
	总体	- 0.224	0.192	0.040	- 0.262	- 0.082	0.336

续表

因子		2008 年	2009 年	2010 年	2011 年	2012 年	2013 年
综合绩效	五大	- 0.447	0.537	0.354	0.296	0.397	0.383
	其他	- 0.510	0.059	- 0.114	- 0.025	0.006	- 0.262
	总体	- 0.487	0.230	0.054	0.090	0.146	- 0.032

注："五大"表示 5 家大型商业银行整体；"其他"表示股份制商业银行整体；"总体"表示样本银行整体。

为了更清晰地了解大型商业银行整体与股份制商业银行整体各因子得分的差异，图 4 - 9 进一步描绘了两种类型商业银行整体因子得分平均值比较的折线图。其中，图 4 - 9a 为规模因子得分平均值比较，图 4 - 9b 为成长因子得分平均值比较，图 4 - 9c 为安全因子得分平均值比较，图 4 - 9d 为盈利因子得分平均值比较，图 4 - 9e 为流动因子得分平均值比较，图 4 - 9f 为综合绩效得分平均值比较。根据图 4 - 9 可以从不同类型商业银行整体角度对其绩效进行动态对比分析。

由图 4 - 9 可知，无论是各因子得分还是综合绩效得分，大型商业银行与股份制商业银行的变动趋势基本一致，主要区别在于因子得分高低，具体分析如下。

（1）图 4 - 9a 显示，2008 ~ 2013 年，大型商业银行和股份制商业银行的规模因子得分基本上处于增长状态，除 2009 年变动幅度较大外，其他年份变动幅度较小；整个考察期内，大型商业银行的规模因子得分均高于股份制商业银行，这表明在我国银行业市场依然垄断的情况下，大型商业银行相对较大的规模使得其绩效水平比股份制商业银行高。

（2）图 4 - 9b 显示，2008 ~ 2013 年，大型商业银行和股份制商业银行的成长因子得分波动较大，基本上处于先增后减的状态；整个考察期内，股份制商业银行的成长因子得分均高于大型商业银行，这表明股份制商业银行比大型商业银行的扩张性更强。

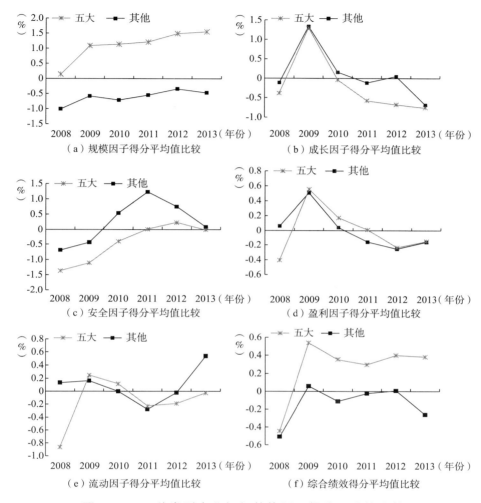

图 4 – 9　两种类型商业银行整体因子得分平均值比较

（3）图 4 – 9c 显示，2008～2013 年，大型商业银行和股份制商业银行的安全因子得分有所波动，基本上处于先增后减状态；整个考察期内，股份制商业银行的安全因子得分均高于大型商业银行，这表明股份制商业银行比大型商业银行的贷款质量更高、控制不良贷款的能力更强。

（4）图 4 – 9d 显示，2008～2013 年，大型商业银行和股份制商业银行的盈利因子得分有所波动，基本上处于先增后减状态；整个考察期内，大型商业银行的盈利因子得分与股份制商业银行相差不大，这表明大型商业银行与股份制商业银行的营利性相近。

（5）图 4 - 9e 显示，2008 ~ 2013 年，大型商业银行和股份制商业银行的流动因子得分波动较大，基本上处于先增后减再增状态；整个考察期内，股份制商业银行的流动性因子得分先高于、后低于再高于大型商业银行。

（6）图 4 - 9f 显示，2008 ~ 2013 年，大型商业银行和股份制商业银行的综合绩效得分波动较大，基本上处于先增后减再增再减状态；整个考察期内，大型商业银行的综合绩效得分均高于股份制商业银行，这表明综合来看，大型商业银行比股份制商业银行拥有更高的绩效水平。

通过对两种类型商业银行整体的分析可知，大型商业银行的规模优势比较明显，成长性、安全性及流动性等方面相对较差；股份制商业银行的规模优势较差，成长性、安全性及流动性等方面相对较好；大型商业银行与股份制商业银行的营利性相差不大；整个考察期内，大型商业银行的综合绩效水平均高于股份制商业银行，即大型商业银行比股份制商业银行拥有更高的绩效。

综上可知，无论是从商业银行个体角度还是从不同类型商业银行整体角度来看，大型商业银行在规模方面有相对较大的优势，股份制商业银行在成长性、安全性及流动性方面有相对较大的优势，两者的营利性比较接近；大型商业银行的综合绩效水平高于股份制商业银行，且其较高的绩效主要来源于规模优势。造成这种结果的原因可能有两方面。一方面，大型商业银行长期承担融资的行政任务，从而造成大量的不良贷款，导致其安全性较低，并在一定程度上影响其资产盈利能力；而股份制商业银行没有沉重的历史包袱，从而拥有相对良好的经营环境和发展机遇，其发展重点放在金融产品创新上，同时注重企业资产及存贷管理，从而在成长性、安全性及流动性方面比大型商业银行拥有更大的优势。另一方面，当前我国商业银行依然以传统业务为主，大型商业银行庞大的客户资源、广泛的分支网络、稳健的经营战略等使其能保持较强的核心竞争力，从而获取更大的利差收入，这一点是维持其高绩效水平的重要原因；而股份制商业银行的客户资源、分支机构等均相对较少，规模优势较弱。

第五节　结论与对策建议

一　结论

基于我国 17 家商业银行 2009～2014 年的面板数据，通过市场份额、市场集中率、产品差异化和市场进退壁垒等因素对我国商业银行的市场结构进行研究，得出以下结论。

（1）我国商业银行的垄断程度仍然较高，大型商业银行拥有的市场控制权力长期居高不下，银行间产品差异化程度较低且进退壁垒较高。因此，我国应降低政策性的市场壁垒，一方面，通过降低市场进入壁垒，允许并适度鼓励民营资本和外资银行有序进入，以推动我国银行业的有序竞争；另一方面，通过降低市场退出壁垒，将市场中经营管理不善、效益低下的银行淘汰出局，形成新的有效的市场结构。

（2）市场整体的垄断程度逐渐降低，股份制商业银行和一些中小型商业银行的竞争力不断增强，我国商业银行整体的市场结构朝着垄断竞争的方向发展。但是，由于竞争速度缓慢，较高垄断的问题在短期内无法得到解决，国家应鼓励中小银行发展，放宽对中小银行的管制，给予中小银行更多公平竞争的机会，优化市场结构，推动我国银行业市场结构的改变。

通过从我国商业银行个体角度对其绩效进行的静态对比分析以及从不同类型商业银行整体角度对其绩效进行的动态对比分析可知，在商业银行经营中，大型商业银行和股份制商业银行的绩效水平代表两个不同的层次，目前各层次在不同方面均有较大的提升空间。

二 对策建议

针对我国商业银行绩效水平的提升，本章提出以下对策建议。

（一）推进产权改革，优化资产配置

大型商业银行应转变运营模式，逐步由规模导向转为效益导向；继续推进产权制度改革，完善公司管理机制；完善贷款审批程序，通过沟通协调机制等减少不对称信息，并加大对失信违约行为的惩罚力度，从而降低商业银行不良贷款率；注重流动性资产的配置，短期流动性需求可通过持有销路良好的有价证券如国债、中央银行票据、短期融资证券或同业拆借来满足，长期流动性需求可通过持有一些滚动的中短期贷款或证券投资来保证。

（二）注重规模与效益，提高资金利用率

股份制商业银行应在保持稳健经营的基础之上，通过资产重组、跨区域的银行兼并、扩大经营网点等形式不断扩充其资产总额和存贷款总额等，同时要关注规模与效益的统一，并保证适当的资本充足率；不断开发成本低、收益高的中间业务，增加非传统业务比例，提高资金利用效率，同时要增强其盈利能力。

（三）加强业务创新，防范金融风险

无论是大型商业银行还是股份制商业银行，随着利率市场化进程的加快，以存贷利差为基础的传统业务必将受到更大的冲击，同时外资银行的不断进入将使其面临更大的竞争，只有通过不断的技术创新、服务创新和业务创新，积极探索混业经营模式，才能不断增强自身的盈利能力和竞争力。因此，混业经营是银行业发展的必然趋势。实行混业经营既要考虑我国银行业的现实承受能力，如对风险的抵抗力等，也应考虑消费者的品牌感知性。郑春东等（2013）研究发现，

消费者对银行业务与新延伸业务之间契合度的感知是影响银行综合业务的重要因素，并提出率先通过使用自己的品牌进行金融混业经营的商业银行应该是母品牌感知质量较高的银行，如国有商业银行和实力较强的股份制商业银行，在业务方面也应尽量选择消费者感知契合度较高的业务率先进行延伸。此外，商业银行是负债经营的高风险行业，其持续健康经营依赖一定的风险控制能力。因此，无论是大型商业银行还是股份制商业银行，都应通过不断增强内部员工的风险意识、健全内部的风险管理制度、完善现有的风险监控指标体系等提高自身的风险控制能力，以防范金融风险。

第五章　中国银行产业升级的动因

本章导读：国际金融活动已经成为国际经济关系的主导，而一国银行业的发展实力也成为衡量一国经济实力的重要指标。近年来，我国宏观形势趋紧，使得银行间竞争日益激烈，监管部门对银行资本的严厉监控也迫使银行商业模式必须创新，从而摆脱现代银行单纯依靠传统业务的盈利模式。本章采用文献研究法、比较法和综合分析法，从内外动因角度分析影响我国银行产业升级的动因，同时对我国银行产业升级提出相应的政策参考建议。

第一节　引言

在金融不断开发的环境下，主要依靠传统业务为生的国内商业银行的盈利空间越来越小，实现银行产业升级、发展全能型银行势在必行。产业升级作为现代经济发展的主题逐渐成为近年来国内外学者研究的热点之一，作为经济学基础理论，其重要性毋庸置疑，但产业升级的具体概念和内涵十分复杂，难以统一。研究者通常从两个方面对产业升级做出解释：产业间升级和产业内升级。虽然很多学者对产业升级的概念、范围、途径进行了大量研究，但对银行产业升级动因的研究分析并不丰富。进入 21 世纪以来，世界上所有发达国家都已经进入服务型经济国家，生产性服务业已经取代制造业而成为经济增长的主要驱动因素和创新源泉。金融业作为市场经济的核心，是生产性服务业中的重点产业。赵保国等（2004）指出，近年来，国内外经济形势发生重大变化，金融混业经营的趋势也更加明朗，中国加入 WTO 之后，随着外资银行的进入，原有分业经营的制度均衡必将被打破，因此，以风险分析为依据选择实现金融多元化经营过渡模式和设置转变进程是我国未来金融制度变迁的主要方向，这都是影响银行产业升级的重要因素。

　　我国现代银行产业升级的动因包括外在动因和内在动因两方面。其中，外在动因分为三部分，分别为外资银行进入后对我国传统银行业带来的强烈的业务冲击、金融危机的爆发使我国刚刚形成的全能银行雏形频频遭受打击以及世界范围内全能银行逐渐成为现代金融业的主流发展模式。内在动因主要集中于银行业自身角度，推进现代银行产业升级有利于提升银行自身竞争力、实现规模经济和扩展核心能力。可以说，我国银行的发展体现了中国经济的历史进程，不同的金融管理制度反映了不同的经济发展阶段。在银行体系形成、发展和完善的过程中，配合金融业务的保险、证券等相关产业也先后出现。如今，中国现代银行从新中国成立初期的严格分业管理到混业经营的局面已经形成，现代银行产业升级也显得更为紧迫。

　　在全球银行业向全能银行发展的国际趋势下，中国的银行业发展自己的全能银行已成为必然（张亚欣，2001）。进入 20 世纪 90 年代，西方国家的银行业通过跨行业、跨国界并购方式，迅速发展成为全能银行。银行产业向全能银行发展的浪潮一浪高于一浪（徐文彬，2005）。从国际上看，实行混业经营，发展全能银行，成为国际银行业的潮流，这一重大变化将给我国银行业带来一定的冲击。近年来，我国商业银行发展迅猛，下面以我国几家主要商业银行为例来说明。2015 年，中信银行集团资产总额达 51222.92 亿元，比上年末增长 23.76%；客户贷款总额为 25287.8 亿元，比上年末增长 15.58%；客户存款总额为 31827.75 亿元，比上年末增长 11.69%[①]。截至 2015 年

_____

① 数据来自中信银行 2015 年年报。

末，民生银行集团资产总额为 45206.88 亿元，比上年末增加 5055.52 亿元，增长 12.59%①。这些数据表明，我国商业银行实现了快速发展。同时，"引资—更名—跨区域经营—上市"成为众多城市商业银行的扩张轨迹和发展路径。然而，长期以来我国商业银行的主要收入来源集中在稳定利差中的利息收入，由于跨区域经营的政策收紧、信贷额度不断被约束以及利率市场化进程的逐渐加快，这种依靠银行传统业务的经营模式使得银行盈利空间日渐狭小。再加上随着我国金融市场开发进程的加快，越来越多的外资银行进入国门，我国一直处于垄断地位、受政策保护的国有银行面临强烈冲击。与此同时，随着经济一体化的发展，银行的客户来源不仅仅局限于单个的储户，还包括越来越多跨国公司的跨国境经济活动，这对银行的综合金融服务提出了更高的要求。传统经营模式难以为继，以及向全能银行发展的必然趋势，成为我国现代银行产业升级的动因。

面对国际银行业混业经营的必然趋势以及中国加入 WTO 的影响与冲击，特别是以混业经营为背景的国外跨国银行不断进入国门，单一资本、单一业务范围的中国银行业如何应对，是目前我国银行业关注的焦点之一。按照银行业的内在规律，无论是从金融服务需求的便利偏好出发，还是从金融服务供应的规模经济要求考虑，全能化、综合化或一体化均成为银行业发展的必然趋势。应该看到，我国银行业经过分业整治，对稳定金融秩序、化解金融风险、促进金融发展起到了很大的作用。然而，在国际银行业走向全能化经营的潮流下，我国金融业"分业经营、分业管理"的模式已不合时宜。客观上要求实现银行产业升级，尤其是向全能化方向发展。经济分析中一个重要的基本前提就是企业追逐利润最大化，作为现代服务业之一的银行也不例外。追逐资本利润最大化，也就自然地成为我国现代银行产业升级的主要动因。然而，追逐高利润只是银行产业升级的动因之一。对于我

---

① 数据来自民生银行 2015 年年报。

国现代银行产业而言，存在诸多因素共同促进我国现代银行产业升级。本章试图从外资银行进入、全能银行趋势、金融危机影响以及互联网金融对银行业的冲击四个外在动因方面，以及资本约束压力、风险叠加压力、实现规模经济和增强竞争力的要求四个内在动因方面，对中国银行产业升级的动因做出解释（见图 5 – 1）。

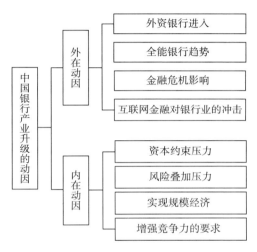

图 5 – 1　中国银行产业升级的动因

　　如何实现银行产业升级，是我国银行业全面对外开放后面临的核心问题，也是业界争议的热点之一。本章试图运用类比法、文献归纳法和综合分析法，结合美国现代商业银行经营体制的变迁，从我国银行产业升级的外在必要性和内在动因两个角度出发，研究我国银行产业升级的内外动因。通过美国国家经济发展史不难发现，美国银行业经历了"混业—分业—再混业"的发展历程，与中国现代银行业发展的历史极为相似。通过对中国金融市场环境的研究不难发现，中国加入 WTO 以来，随着外资银行的进入和中国银行业的全面开放，我国商业银行面临多方面的压力，可以说挑战与机遇并存。外资银行的进入对我国商业银行非传统业务造成一定冲击；金融危机波及的范围越来越广，逐渐影响我国的金融稳定；全能银行的快速发展又使得中国客户对银行综合能力的要求不断提高。因此，外部环境的变化不断推动我国银行业的发展进程。从商业银行内部看，传统业务的衰退导致单纯依靠净利差的盈利模式难以为继，商业银行迫切需要通过金融创新提升银行整体实力。综上，结合世界主要发达国家银行业的发展特点，从我国商业银行面临的内外压力来看，我国银行产业升级势在必行。

第二节　中国银行产业升级的外在动因

一　外资银行进入

随着我国加入 WTO 和经济全球化进程的加快，外资银行进入我国的条件逐渐放宽。自 2006 年 12 月《外资银行管理条例》颁布以来，外资银行在我国实现了零售银行业务，这一政策使得更多的外资银行进入我国金融市场。外资银行的进入一方面给我国商业银行带来了发展机遇；另一方面也带来了巨大挑战。如何抓住外资并更好地利用外资，迎接挑战，促进我国银行业持续健康发展，是目前我国金融领域的一个重大研究问题。

（一）外资银行进入的特点

从外资银行进入我国的发展历程来看，外资银行在我国的发展具有以下几个方面的特点。一是外资银行采取全局的观点，制定了长远的规划和目标，从而提高了外资在中国市场上的竞争力。二是根据有关部门的调查分析发现，外资银行在我国的设置地点和业务领域普遍比较集中，外资银行主要集中在我国沿海地区。三是外资银行在进入我国金融市场过程中涉及多个经济组织。四是中间业务是外资银行的主要利润来源，传统业务的比例相对较小。五是外资银行在经营过程中充分贯彻了以人为本的理念。

（二）外资银行进入的影响

纵观世界经济发展史，利用外资对发展中国家而言十分重要。绝大部分发达国家，在经济发展初期均有过依靠外国资本的流入推动国内经济持续增长的历史。战后特别是 20 世纪 60 年代以来，许多发展中国家不同程度地利用外资来发展经济，实现了经济的高速增长（郑明纵，2000）。但需要注意的是，通过引进外资来发展一个部门依旧是一把"双刃剑"，在引进竞争的同时也不同程度地挤压了本国该部门的盈利空间。

短期内挤占东道国银行利润空间。外资银行进入带来了新的业务，新业务的发展会刺激本土银行发展类似新业务，进而提高东道国银行业的整体金融水平。而且，外资银行进入也会带来新的管理理念和资产质量。这些溢出效应在长期内会有助于提高本土银行的效率，降低成本，但在短期内则会提高本土银行的业务成本，削弱银行的盈利能力。同时，外资银行进入有助于提高东道国的人力资本质量。在短期内，由于需要增加成本培训雇员并给具有较高人力资本质量的雇员提供较高的工资，因此内资银行的成本可能会增加。由此可见，外资银行进入虽然在长期可能会产生正的外部溢出，但在短期内必然会导致本土商业银行的成本增加，削弱其盈利空间，从而对东道国的金融环境造成一定的不良影响。理论上讲，外资银行进入对新兴市场经济体的金融发展将产生一系列积极的影响，如通过竞争可以提升整体效率，促进政府建立健全相关法律。但是，对于这些积极影响的实证研究并不能总是获得准确结论。例如，通过分析 8 个拉美国家的资料，结果发现，外资银行进入削弱而不是促进了国内银行业的竞争，从而降低了新兴市场国家银行部门的效率。

此外，银行业开放对新兴市场经济体金融稳定的影响同样难以一概而论。外资银行的进入至少将对东道国金融部门的稳定造成三方面的冲击。首先，外资银行进入或造成国内银行优质客户的大量流失，进而造成国内银行面对更多高风险客户。如果国内银行的客户质量明显下降，国内银行的总体信贷质量必然下降，不良资产比率必然有所上升，这无疑增大了国内银行系统的风险。其次，外资银行进入必然导致银行特许权价值的下降。所谓银行特许权价值，是指根据银行未来的预期利润进行贴现所获得的价值。一国的银行部门准入限制越多，银行所获得的垄断利润就越高，其特许权价值就越高。显然特许权价值的下降必然导致银行利润的损失。在这种情况下，银行的风险抵御能力将大大下降，不再能够利用其垄断利润来维持高比率的不良贷款，这将导致银行体系的不稳定性迅速上升。最后，在以上两方面的作用下，国内银行为了生存和发展，很可能会从事不谨慎或者冒险的信贷活动，这将进一步加大银行体系的脆弱性。其实，外资银行进入后造成的不良影响在很大程度上取决于东道国的金融监管机制是否完善。全面有效的银行监管、正确的金融政策都大大降低了外资银行进入后发生金融动荡的可能性。因此，为了积极应对外资银行进入，我国现代银行产业升级势在必行。

二 全能银行趋势

全能银行起源于德国，是一种银行类型。早在 2006 年，梁文宾等（2007）就对国外全能银行与我国商业银行的绩效进行了比较。他们按照标杆管理的原理，研究选取了当年全球范围内排在前 5 位的全能银行（花旗集团、美洲银行、汇丰控股、摩根大通、法国农业信贷集团）。研究表明，发达国家全能银行的资本回报率、资产回报率分别是我国四大国有银行的 5 倍、6.5 倍，这说明我国银行的盈利能力与国际先进水平相比尚有不小的差距。同样，国外 5 家全能银行的资本充足率也远远超过了国际标准，而我国国有商业银行与最低要求相比仍有一定差距。由此可见，发展全能银行，无论是从金融环境要求来看，还是从商业银行自身发展规律来看，将全能银行的发展定义为我国商业银行产业升级的目标是最佳选择。

事实上，全能银行不仅经营银行业务，而且经营证券、保险、金融衍生业务以及其他新兴金融业务，有的还持非金融企业的股权。广义的全能银行是商业银行＋投资银行＋保险公司＋非金融企业股东。

通常所说的全能银行主要是指能够从事所有金融业务的银行，不包括非金融业务。全能银行首先是金融中介，其次是集多种金融业务于一体的金融混合体，最后才意味着混业经营（叶辅靖，1999）。全能银行可以称为金融控股公司，是指以金融为主导行业的控股公司，这是银行控股公司概念的延伸。尹亚红（2007）指出全能银行的优点体现在以下两个方面。

（1）集约经营，资源共享。有利于资金的集约化经营，实现资源共享，并且使金融机构可以利用内部各个子公司的优势，实现资金的横向流动，从而更加合理地利用各种资源。由于金融控股公司大多拥有多种类型的金融中介机构，如商业银行、证券公司、保险公司等，因此有利于金融控股公司统筹安排与使用资金，并将资金用到最适宜的地方，促使金融机构的资金使用发挥最大效用。同时，金融控股公司可以利用其系统内部不同子公司所掌握的各种不同类型的信息、技术等，利用网络等优势实现资源共享，满足金融机构业务发展中的各方面要求。

（2）筹措资金，分散风险。有利于金融机构扩大资金实力与资本总量，并发挥资本的多重财务杠杆作用，主要体现为金融控股公司的资产规模巨大，市场信誉一般较好，因此比较容易获得资金。同时，金融控股公司可以利用其业务类型繁多的特点，从不同的来源获取低成本的资金，如通过公司上市筹集资金，通过发行公司债、商业票据等筹集资金。金融控股公司一般是一种纯粹的控股公司，也即母公司一般没有自己的主营业务，只负责控股公司的战略筹划，因此母公司的各种外部负债全部可以用于向子公司投资，由此便放大了外部资本的财务杠杆作用，还有利于金融机构扩大业务范围和规模，提高竞争能力。由于金融控股公司一般拥有多个不同类型的金融机构，其业务的覆盖面较广，业务经营的多元化特性非常明显，这对于增强金融机构的资金实力和业务运营能力非常有利，在一定程度上有利于提高金融机构抵抗风险的能力。金融控股公司下属的各子公司从事的业务各不相同，且各子公司一般是独立的法人，这就使得金融控股公司的金融风险相对容易分散。此外，金融控股公司在设立时，一般会建立能够隔离风险、防止风险转移的"防火墙"，即严格限制各子公司的金融交易范围，或者界定其业务身份，各子公司一般是独立的法人，在管理尤其是会计管理上能够自成体系。"防火墙"的存在，使得金融控股公司不会因某个子公司的破产倒闭而危及整个控股公司，从而保证其业务经营活动的安全。

三 金融危机影响

世界经济发展的现实充分证明，金融对经济的发展有着重要的影响力和推动力。不论是在过去、现在，还是可以预见的将来，银行业都将是金融业的主体，其对维持一国金融业健康稳定发展发挥着至关重要的作用。然而，自 20 世纪 80 年代美国发生储蓄贷款协会危机以来，国际银行业一直处于动荡不安的状态。特别是 2007 年 8 月全面爆发的席卷全球的次贷危机，更是显现了现代银行传统业务在金融自由化、国际化过程中的脆弱性。

金融危机对美国的经济产生了严重的冲击，美国联邦存款保险公司的数据显示，2009 年美国的问题银行多达 702 家，超过美国当年6840 家商业银行总数的 10%；当年破产倒闭的银行达到 140 家，而1998～2007 年的 10 年间美国破产倒闭的银行总数也只有 68 家，仅2009 年一年破产倒闭的银行数量就比前 10 年破产倒闭的银行总数的2 倍还多（见表 5－1）。2010 年第一季度，美国的商业银行减少到6772 家，但问题银行不仅没有减少，反而增加到 772 家，还有 41 家银行破产倒闭，这说明美国银行业存在的问题仍然很严重。由于金融监管存在问题，美国政府为拯救受金融危机冲击的经济已经花费了7800 亿美元，这个代价是高昂的，其深刻教训值得各国金融监管部门引以为鉴。

表 5 - 1　2004～2009 年美国银行机构数量的变化情况

单位：家

类别	2004 年	2005 年	2006 年	2007 年	2008 年	2009 年
银行	7631	7526	7401	7284	7087	6840
新增银行	122	166	178	164	89	25
并购银行	261	269	305	282	260	152
问题银行	80	52	50	76	252	702
破产倒闭银行	4	0	0	3	25	140
政府救助银行	0	0	0	0	5	8

资料来源：FDIC，"Statistics at a Glance"，http://www.fdic.gov/SDI/main4.asp。

（一）美国金融危机的特点分析

从产品上看，2008 年美国爆发的金融危机由"次级贷款"引发，却因金融衍生品而放大风险，从而由次贷危机衍生为信用危机。从主体上看，"次级贷款"由放贷公司和商业银行发放，损失最惨重的却是投资银行。次级贷款 60% 由放贷公司发放，40% 由商业银行发放。"次级贷款"经过细化、打包、证券化，创造了更加庞大的市场。

（二）美国金融危机爆发的原因

陈四清（2008）指出，2008 年美国爆发波及全球的金融危机，其表面原因可以归纳为以下六个方面：一是贷款机构放弃信贷原则使次贷质量先天不足；二是投资银行高杠杆率操作在放大收益的同时也放大了风险；三是一些商业银行的风险管理存在薄弱环节，未能对减缓危机起到稳定器的作用，不能有效地捕捉和识别新业务带来的新型风险，对结构化金融产品的风险识别和计量能力较弱，应对压力状态的测试与预案准备不足，忽视表外风险的管理；四是金融市场特别是金融衍生品市场本身存在缺陷，对衍生产品估值过度依赖模型本身的假设，依此进行定价的产品在系统性风险面前往往会产生估值不确定性；五是外部评级机构对证券化金融工具评级存在严重问题，外部评级机构对金融工具评级仅依赖历史数据、压力测试不足、对金融工具评级缺乏主动性、信息掌握不充分等导致其不能有效揭示基础资产风险，助长了投资者的非审慎投资；六是政府监管缺位，对不同业务监管的标准不一致，部分监管领域出现空白，同时美国没有一个联邦机构可以实现对全部金融市场整体风险状况进行监控和预警，这使得美国政府错过了解决问题的最好时机。

（三）金融危机对我国商业银行的挑战

金融危机使全球经济陷入衰退。在发达国家银行体系和实体经济进入调整期的同时，中国商业银行面临重大的历史发展机遇。如何抓住历史机遇，强化自身核心竞争能力，是摆在中国商业银行面前的重大课题。2008 年爆发的金融危机已经展现出了新兴经济市场发展的巨大潜力，当世界经济出现集体衰退，以中国为代表的部分发展中国家仍保持了强劲的增长速度。可以说，金融危机下国外实体经济衰退，使中国银行"走出去"进程加快，为中国商业银行国际化创造了更好的条件。与此同时，全球金融危机以来，发达国家的诸多金融机构遭受重创，亏损严重，业务收缩。这也为我国商业银行"走出去"发展海外业务、增强整体实力带来了前所未有的机遇，主要体现在以下几个方面。第一，进入壁垒降低。为及早走出金融困境，许多国家放宽了资本进入限制。第二，进入成本降低。欧美金融类股票股价大幅下跌，市场估值处于历史低位。第三，可迅速取得紧缺资源。欧美金融机构拥有大批优质银行资产，包括高新技术、能源资源类客户贷款，我们需要以审慎的态度，认真研究和把握难得的对外扩展战略机遇。陈四清（2009）指出，对于业务规模较大的银行，在巩固规模优势的同时，应重点关注业务结构调整，既包括资产业务、负债业务、中间业务总体结构，也包括各自内部的结构优化和调整。对于目前迫切需要扩大规模的银行，也应注意在发展中调整结构。在新客户选择上，要考虑现有客户结构、行业结构、地区结构，以及业务内部的利率、期限、品种结构等。应该注意的是，扩规模与调结构不是截然对立的，而应该是有机统一的。此外，还应注意业务条线的多元化发展，特别是保险业务、投行业务、年金业务等，都可以与传统商业银行业务协调发展、相互促进。因此，积极推动商业银行产业升级，发展全能银行，更有利于巩固和提升我国商业银行在世界金融市场中的地位。

四　互联网金融对银行业的冲击

当前，我国金融创新业务蓬勃发展，支付宝、余额宝、网上银行、云金融等新兴业务的受众面越来越广，由此逐步开启我国金融探索的新模式——互联网金融，它在国内的迅速发展将大众带入数据化、信息化、网络化的时代，甚至对生活方式的改变产生了较大的影响。互联网金融因其快捷支付、操作方便等优势，与传统金融模式形成了鲜明对比，使金融业内展开激烈竞争，同时也对传统金融模式的发展造成了影响。在 2015 年 3 月召开的全国人大会议上，李克强总理在政府工作报告中多次提到互联网金融，并明确提到"互联网金融异军突起"和"促进互联网金融健康发展"。虽然互联网金融自身的体量仍然非常小，几百亿元甚至几千亿元的规模不足以对经济产生全局影响，其真正的独特意义在于倒逼金融体系改革，让整个金融体系为实体经济服务。

（一）互联网金融的特征

互联网金融的主要特征包括以下几个方面。①技术需求水平高。以计算机技术和网络技术为支撑，建立在大数据与云服务的基础之上，交易过程中涉及在线支付全程电子化以及数据收集、分析和处理等。②资源配置去中介化。互联网金融加速了金融脱媒的进程，使资金供给绕开商业银行体系，直接输送给需求方和融资者。③受众较多。在互联网金融模式下，无传统中介、无垄断利润、无交易成本、信息对称，使交易双方几乎不受时间和空间的限制，能够使更多的人参与其中。

（二）互联网金融对传统银行业的影响

互联网信贷规模迅速扩大。以阿里巴巴集团为例，其在 2012 年完成贷款 40 亿美元，2013 年累计完成贷款 1500 多亿元，小微信贷的客户数量已经达到 64 万户，不良率不到 1%。第三方支付交易量增长迅速，数据显示，2014 年我国第三方支付企业交易规模达到 23 万亿元。2013年以来，第三方支付大力拓展新兴行业的业务，其中支付宝与天弘基金联手推出的余额宝，在短短几天内便带来高达超过百万级的客户以及几十亿元的销售，令业内受到极大震动。2011 年才出现的 P2P 贷款平台，目前已有上百家不断发展壮大，其中以人人贷、拍拍贷最为典型。整个借贷过程中，资料与资金、合同、手续等全部通过网络实现，为金融业的发展提供了新的模式。现今众多互联网企业不只局限于第三方网络支付，还借助信息、数据的积累和技术的增强创新，不断向融资领域扩张，未来可能冲击传统银行的核心业务，抢夺银行客户资源，替代银行物理渠道，颠覆银行传统经营模式和盈利方式。

第三节　中国银行产业升级的内在动因

银行业自身面临资本约束、多重风险叠加、缺乏竞争力等一系列问题。要认清当前银行业发展面临的压力和加快转型发展的必然性，顺应形势的变化，积极提高转型的主动性，真正走出一条"低资本消耗、高经营效益"的内涵发展之路。

一　资本约束压力

如今银行业的发展仍然是以资产扩张、贷款增长为导向，盈利过度依赖存贷利差。大部分上市银行的资本管理水平、资本质量和资本效率仍处于较低水平，资产扩张倒逼资本补充的现象成为常态。2009~2011年，国内上市银行再融资规模分别超过2000亿元、4000亿元和2900亿元。2012年，继招商银行、中信银行披露再融资计划后，兴业银行也公告了定向增发再融资260亿元的计划。2013年，中国银监会全面实施银行业新监管标准，这些标准在有效约束银行放贷、防范风险的同时，也将增加银行的市场融资成本，加大资本补充难度。特别是股份制银行与生俱来的股东结构分散、资本筹集能力较弱尤其是核心资本筹集难的缺陷，使银行的市场融资之路更加举步维艰。民生银行、招商银行和光大银行仅2011年遗留下来的配股再融资规模就接近900亿元。从国际看，世界经济复苏进程缓慢，国际金融危机的深层次影响还在继续，一些国家的主权债务危机在短期内难以缓解。主要发达经济体的失业率居高不下，增长动力不足，新兴经济体面临通货膨胀和经济增速回落的双重压力。欧债危机没有出现根本转机，主要货币汇率剧烈波动，大宗商品价格大幅震荡，评级公司正逐步下调一些边缘国家的信用评级。从国内看，经济运行中又出现不少新情况、新问题，2015年GDP增速出现自1990年以来的首次破"7"，经济下行压力巨大。

二　风险叠加压力

中国商业银行面临多种风险。一是信用风险增大。目前，我国经济增长放缓给银行信贷业务可能带来的某些风险还在不断释放，风险隐患和不确定因素不断增多。例如，房地产宏观调控政策不会放松，在房地产市场回归理性的过程中，防控房地产相关领域风险的压力增大；部分行业产能过剩凸显，企业亏损面扩大，一些小微企业经营困难突出；"走出去"和外向型企业投资与出口阻力增大；政治风险、法律风险增多。二是内控案防形势更加严峻，外部经济环境复杂，再加上社会不稳定因素较多，银行内控管理和案防难度增加。三是外部声誉风险防控压力加大，目前银行被社会和媒体关注的程度越来越高，容易成为炒作焦点。一些严重的负面舆情因信息传播迅速，可能引发声誉风险甚至区域性、系统性风险。

三 实现规模经济

银行业是规模经济效应很强的企业。这是由它所提供的产品（或服务）的独特性和银行业的技术革命所决定的。银行与一般生产企业不同，它经营的对象——货币具有同质性。它不像一般行业企业的产品在不同程度上具有差异性，因而有特定的消费群体或服务对象。货币产品的同质性决定了它具有无限广阔的需求市场，这为单个银行规模的迅速扩张提供了可能。在现代银行体系的存款准备金制度下，商业银行经营具有独特的存款派生效应，这使得单个银行规模越大、覆盖面越广，由原始存款衍生出来的各层次级别的派生存款留在该银行系统内的可能性越大（在分支行制度下更甚），显示出规模经济效益。

银行业更具规模经济而更少具规模不经济的特点，因此可以通过兼并，达到减少开支、节约成本的目的，原因在于以下几个方面。①银行经营一般需要较多的先进技术装备和基础设施投入。这种较大的固定成本在一定时期内相对稳定，并随着可变成本的增加会降低单位成本的平均成本。②银行规模的扩大，必然导致专业化分工更细，从而促进效率的提高。③业务相近银行的合并往往伴随着分支机构和人员的削减，从而使银行组织机构精干合理，降低人工费用和各项管理费用。④随着银行传统业务的逐渐减少，以及表外业务尤其是金融衍生工具交易业务的大量增加，扩大业务量的边际成本几乎为零或很小。⑤大银行能够充分利用其无形资产（商誉、管理、营销技巧之类）的边际开发成本为零或很小以及供给弹性无限大的特点，理性地运作其在全球范围内的银行分支机构。大银行的商誉等无形资产在银行收购中正逐渐成为越来越重要的支付手段。⑥商业银行已经拥有各种金融人才、资本设备和金融信息，扩大业务范围可广泛分摊信息成本和其他成本，提高银行效益。⑦现代公司组织结构制度出现了创新，大规模公司的管理开始不同于以往的集权决策内部管理体制，而是通过设立具有相对独立经营自主权的事业部和分支机构，利润单独核算，这样能大大提高管理效率，并大幅扩大公司规模边界。

当然，银行规模扩张到一定程度后，也会产生规模不经济。大银行的规模不经济通常表现为资产质量较差、盈利能力较低、效率低下和较弱的资本结构（比率）。例如，美国明尼阿波列斯联邦储备银行高级研究员约翰·伯依特的研究表明，20 世纪 80 年代美国规模最大的前 10 家银行的经营绩效最差。

四　增强竞争力的要求

传统上，银行是一个集各种产品的研制、包装、销售于一体，并通过分销系统交叉出售的企业，其业务范围涉及从前台业务受理到后台业务处理的全部环节。随着新金融时代的到来，银行必须重新审视自己的工作重心。一般而言，银行的核心竞争优势并不体现在后台（在银行业务系统六环节流程图中，有两个环节是银行业务系统的核心登录职能，与顾客之间有一定的距离，同外界存在缓冲，即顾客从来看不到这一部分工作，通常称为后台），而是体现在前台（在银行业务系统中，有两个环节是银行员工与顾客高度接触的工作环节，通常称为前台）。实际上，任何金融企业都能从技术上提供贷款与支票服务，银行真正的优势来自其与客户的一线接触工作。银行并购后，就可以通过共用一套后台系统，解放资源，使银行集中精力，掌握与顾客的关系以及为客户服务，并扩大分销渠道，培训和保留有不凡分销技能的员工，从而使银行的工作重心专注于核心能力的培育和提高上。而且，银行核心能力的培育和提高较为有效的途径是通过并购，利用目标银行的外部资源与自身知识、资源组合相结合来培育和发展核心能力。这些都需要我国商业银行通过全能化经营来实现，全能化经营可以使我国商业银行提高竞争力。由于目前全球金融业的发展趋势是混业经营，我国商业银行只有通过增强自身的实力才能在同业竞争中获胜。为此，商业银行必须在以下几个方面下功夫：一是不断增强资本实力，只有资本实力雄厚才能不被游资冲击；二是及时、主动地抢占先机，市场的占领总是有先后的，后进入者总是要被动接受先进入者业已制定的对自己有利的交易规则；三是集聚大量优秀人才，市场的竞争归根到底是人才的竞争，只有拥有大批掌握现代高科技和金融工程开发、建设及管理的人才，才可能保证银行自身在竞争中长久发展，立于不败之地。

第四节　结论与对策建议

一　结论

综上可知，在我国现代商业银行发展过程中，单纯依靠传统业务净利差的盈利模式已经越来越难以适应世界金融的快速发展，银行产业升级迫在眉睫。作为金融机构的改革升级，全能银行利用一个综合平台为客户提供高效、"一站式"、全面的金融服务。尽管政治、经济、社会制度和文化传统不同，但欧美各国乃至世界上主要发达国家已经相继走上了混业经营的道路，这说明这些国家已经充分意识到了全能银行确实存在其他银行所没有的优势。同时，我国的金融制度慢慢变为制约银行业发展的瓶颈因素，当前，最重要的就是打破金融市场的分业格局，实现金融行业的整合，从根本上提高我国商业银行的竞争力，实现产业升级。因此，在实现我国商业银行产业升级方面给出以下建议，供政策制定者参考。

二　对策建议

（一）探索综合化经营，建立全能银行

由于我国长期以来一直坚持严格的金融分业经营，所以银行综合

化经营的转型探索应重视全面分析和控制风险，可以先从基于客户需求、符合监管要求、风险可测可控的业务开始，分类进行、适度开放、稳健审慎地推进。不仅要与实体经济发展阶段相一致，既不能滞后也不能脱离和超前实体经济，而且要与客户的市场需求相一致，与监管水平相一致。在我国金融业不断开放的情况下，我国金融业的发展将置身于一个竞争更为激烈的全球性市场。在这种发展势头下，金融业整体实力在根本上取决于金融体系整体的国际竞争力。就我国现代金融行业发展的现状来看，一方面，商业银行和其他金融机构都存在机构规模偏小、资金实力不足、资产质量状况不理想等问题；另一方面，业务品种单一、业务发展空间较小、服务功能不完善。在此情况下，迎合国际金融混业经营趋势，调整经营战略，积极探索和构建全能银行势在必行。

只有采取"全能化"经营模式，银行才能根据市场、客户需求的变化和规避风险的要求，不断开拓新的业务领域和业务品种，采取新的交易方式和交易手段，实现资产负债多样化，分散交易风险；只有尽快采取"全能化"经营模式，商业银行才能够凭借自身雄厚的实力抢占先机，拓展全新的金融业务，并吸引和造就一批理论学识水平与业务操控能力均较高的高级管理人才。

（二）提倡银行并购，保持金融稳定

在我国发展全能银行的最佳路径是银行并购，银行并购主要有以下形式的优势互补，从而实现协同效益。第一，地区性互补。例如，美洲银行的主要业务集中于西海岸，而国民银行的业务主要集中于东南部，合并后可抵制较小地区经济放缓带来的冲击，从而保证新集团整体盈利并稳定增长。第二，业务互补。由于全能银行遵循混业经营的原则，一家银行往往既包含传统银行业务，也包括证券、保险、信托中介等其他金融业务，因此在金融创新激励下，各家银行在竭力推出新产品的同时，还需要通过业务协调降低开发成本。第三，产品交叉销售。合并各方可以互相利用对方的客户基础、经销渠道，通过交叉销售来扩大经销网络，增加销售额。其理论根据在于某一家银行某种产品（如信用卡）的客户是它的其他产品（如汽车贷款）的理想对象。例如，花旗银行在商业银行业务领域拥有广大的客户基础，有3000个分支机构，在居民与企业存贷款、外汇交易、贸易融资、信用卡发行等方面占有巨大的市场份额。旅行者集团可以利用这些客户，推销其共同基金、退休基金、人寿基金、物业保险、资产管理、投资咨询等金融服务，特别是可以利用花旗银行的庞大海外机构及影响，弥补自身海外业务的不足；而花旗银行则可以利用旅行者集团在共同基金、退休金，特别是保险方面的广大客户，推销其消费者贷款、信托、外汇买卖、债券交易等产品和服务。

银行并购是维护金融体系安全与稳定的一个重要因素，它不仅可以减少甚至消除银行危机对公众信心的影响，而且还能从整体上保证向社会和公众提供连续性的金融服务（曲慧敏，2004）。随着外资银行的不断涌入，中国市场越来越演变成国际金融巨头激烈竞争的场所。当前我国商业银行感受到的不仅仅是国际金融混业发展趋势的紧迫感，还面临外资银行在本土内不断扩张业务、挤压本土银行利润空间的生存压力。另外，受游资影响，欠发达国家尚未形成完善的监管制度，随时可能面临金融危机的风险。此时，我国商业银行应意识到缺乏雄厚资本、盲目进行混业经营，就难以应对随之而来的金融危机。因此，银行并购应成为我国发展全能银行、实现产业升级的最佳路径。同时，通过并购使银行变大或集中，将有助于建立一个更加稳健的银行体系，减少恶性竞争带来的无谓损失。

（三）加强金融监管，提高风险管理能力

在德国、法国和西班牙等实行全能银行的发达国家，全能银行不仅是非金融公司融资的主要参与者，而且是企业控股者，这些事实的存在自然会让人担心全能银行的权力集中和垄断问题。例如，全能银行可能存在滥用其与客户的关系销售其他金融产品的情况，即出现所谓的搭售问题。

令人担心的是，我国国有银行的产权问题很可能使我国全能银行发生扭曲变形。因此，在我国发展全能银行时，在市场准入方面应设置产权条件，未经产权改革的国有银行暂不能进入证券承销、保险承保领域。

建立健全完善的存贷款定价机制，利率由社会平均利润和存贷款资金供求关系共同决定，银行要充分考虑自身的经营能力、风险管理能力、资金成本以及不同客户的价格承受能力和资金市场供求情况，制定灵活、分层次的存贷款定价体系，以增强对客户的吸引力。及时调整客户结构和银行业务，具体可分为公司业务和零售业务。从资本占用要求来看，零售业务的资本占用比例较公司业务要低，零售业务的资产风险权重为其中的个人住房抵押贷款。因此，从减少资本占用角度出发，发展零售业务是银行可持续发展的主要保障。同时，银行要对公司客户进行分层次管理，按照大、中、小客户分类制定不同的存贷款价格体系。在信贷资金配置上，要在考虑风险控制的前提下，倾向于风险更分散、收益更高的中小企业。新的金融市场发展格局和新的发展方式要求银行以全新的风险管理理念和手段技术，不断支撑新的管理体制机制、新的业务模式和服务模式。在风险识别、度量、监控、补偿等方面不断创新，全面提高风险控制和管理能力，有效应对"金融脱媒"带来的负面影响。

（四）发挥互联网优势，促进创新产品

随着金融界互联网金融的兴起，越来越多的网络金融企业发展起来争夺现有市场，一方面，传统商业银行要重新定义或巩固自身市场定位和业务拓展方向，提供更专业化的服务，注重某一业务的扩展和深化，形成差异化竞争优势。另一方面，传统商业银行应加强对客户信息的收集和整合，针对不同风险偏好、信用水平的客户设计不同金融产品并制定合理价格，让目标客户的需求得到最充分的满足。同时，传统商业银行要勇敢面对在专业化技能和水平上面临的重大考验和挑战，最终建立绝佳竞争优势。

根据市场对金融的需求创新金融工具，多产品、多渠道进行金融创新，不断满足客户多元化的需要，推动中间业务等非利差收入的增长。银行必须加快实施客户导向战略，进行跨市场组合，拓展视野，以提供差异化产品和服务为核心，把握市场细分带来的机会，开发多样化产品，适应买方市场金融市场格局，以客户需求为导向开发金融产品和服务。要促进对资产多元化、资产证券化（如贷款证券化、应收账款证券化）产品的设计与开发，将银行信贷资产转变为可在市场上出售和流动的证券化资产，以解决商业银行资产流动性不足、资本充足率下降等问题；要充分利用商业银行辐射面广和信息灵通的优势，发展高效益、低风险的中间业务，培育新的利润增长点，变革传统盈利模式。传统商业银行可以通过开发互联网拓展新业务，吸引更多客户。在互联网金融模式下，通过数据库和网络信用体系，使得信息快速传递，交易成本大幅降低，资源配置效率极大提高。对此，传统银行业也需要加大对技术的研发，建立以信息、技术为支撑的数据库，利用网络平台收集发布信息，借助其优势推动自身业务的发展和效率的提高，向数据驱动型银行方向迈进。

（五）提倡对外合作，发展新型关系

中资银行和外资银行间的合作不仅可以促进我国银行业的进一步发展，而且有利于实现长远的利益目标。在选择外资银行进行合作时，中资银行务必要坚持严格和谨慎的原则，结合自身优势、经营战略和业务特点，选择那些对培育和提升自身核心竞争力有直接益处的外资银行作为合作对象。这样，我国银行才能与外资银行建立一种股权上相互配合、业务上相互渗透的新型合作关系，进而达到促进我国银行业发展的目的。例如，通过克服中资银行在国际结算等业务上的不足，增强产品的创新能力，提高银行的资本充足率，进而提升经营管理效益，完善银行风险管理机制，改善银行内部治理结构，最终达到提升中资银行的国际化水平的目的。

第六章　中国银行产业升级的测度及其影响因素

本章导读：随着资本市场的发展、金融产品的增加以及我国银行业对外开放过渡期的结束，国内银行产业面临的竞争压力增大，亟须明确银行产业升级的影响因素，以实现产业升级。本章首先明确了中国银行产业升级的定义及测度方法，并选取 14 家主要商业银行 2000~2013 年的面板数据进行逐步回归，对影响我国银行产业升级的因素进行了实证分析。结果显示，①金融业增加值占比、法治指数、银行上市、银行资本充足率与银行产业升级呈正相关；②银行非利息收入占比与银行产业升级呈负相关；③银行上市会提高法治指数对银行产业升级的影响程度。

第一节　引言

随着资本市场的逐步发展、金融产品的日益增加以及互联网金融的出现，一方面，我国银行的"揽储"能力受到了一定程度的削弱，银行的存款大量分流；另一方面，大中型企业逐步实现了以银行为中介的间接融资向直接融资的转换，"脱媒"现象日渐严重，银行的贷款业务相对减少。尤其是自 2007 年以来，随着我国加入 WTO 和银行业对外开放过渡期的结束，我国银行业市场实现了全面对外开放，外资银行数量不断增加，银行业竞争加剧，亟须明确产业升级的影响因素，实现产业升级。

第二节　银行产业升级的测度

现有关于产业升级的研究主要可以分为"产业结构调整"和"价值链升级"两种思路，部分研究认为产业升级应包括产业结构升级，即产业升级是一个比产业结构升级更高层次的概念。李江涛和孟元博（2008）认为产业升级包括两个不同升级方向的并列的产业发展内容，即产业结构升级和产业深化发展。李晓阳等（2010）认为产业升级是指产业结构的改善和产业素质与效率的提高。Gereffi（1999）关于东亚服装产业的一系列研究正式将"价值链思路"引入产业升级的研究之中，在这种思路下，一国（地区）的产业被视作全球价值链的一部分，产业升级可以看成该国（地区）的企业以及产业整体在价值链上或者不同价值链间的攀越过程。朱卫平和陈林（2011）认为产业升级是指产业由低技术水平、低附加价值状态向高技术水平、高附加价值状态演变的趋势。关于产业升级的形式，Ernst（1998）提出了产业升级的五个分类，即产业间升级、要素间升级、需求升级、功能升级以及链接上的升级，其中后四种都属于产业内升级。Humphrey和Schmitz（2002）区分了产业升级的四种类型，即工艺升级、产品升级、功能升级和链条升级，其中前三种属于产业内升级。

综合上述研究，本章认为银行产业升级是指商业银行通过优化组合生产要素、增加服务、实行金融创新和混业经营，从而提高其管理水平、服务质量、技术水平和运营能力的过程，形式上包括工艺流程升级、产品升级、功能升级和链条升级。其中，工艺流程升级即银行通过流程优化、员工培训或其他措施以实现投入产出率的提高；产品升级即银行提供更多附加值更高的服务；功能升级即银行通过金融创新逐步向研发环节攀升；链条升级即银行业与证券业、保险业逐步融合，最终实现混业经营。

关于产业升级的测度，主要可以通过计算 More 值、产业的社会贡献水平（该产业增加值占 GDP 的比重）、产业的国民净收入贡献水平（该产业增加值占国民净收入的比重）、产业的资源利用水平以及产业结构超前系数来进行量化（吴献金、苏学文，2003）。其中，前四种主要用于衡量产业升级的程度，后一种则用来判定产业结构的变动方向。

由本章对银行产业升级的定义可知，无论是哪一种形式的升级，都可体现出银行对人、财、物、信息等各类资源更为有效的利用。因此，本章选择金融资源利用水平作为衡量银行产业升级的指标。金融资源利用水平即金融资源的利用效率，它是一定时期内金融企业的利税总额与其资源投入总量的比值（吴献金、苏学文，2003），其计算公式为：

$$P = V/S \qquad\qquad (6-1)$$

其中，P 表示金融资源利用水平；V 表示一定时期内金融企业（本章指各商业银行，下同）获得的利税总额，即各项税金和利润总额之和；S 表示一定时期内（本章指一年）金融企业为经营所投入的金融资源，包括人力资源、资本资源、资金资源和信用资源。其中，投入的人力资源可用职工薪酬及福利表示，资本资源可用固定资产总额衡量，资金资源可用利息支出代替，而信用资源则体现在无形资产总量上（吴献金、苏学文，2003）。

第三节　银行产业升级的影响因素及研究假设

关于产业升级影响因素的研究，主要有两种方式。一是运用理论进行逻辑推导。姜泽华和白艳（2006）通过理论推导，认为社会需求、科技进步、制度安排和资源禀赋会对产业升级产生影响；皮佳倩和杜靖川（2007）通过理论分析，认为影响产业升级的因素应包括价格、环境、市场、人力资源、政府、管理、技术、集群等；Ken Imai 和 Shiu Jingming（2007）认为，除了市场需求变化、技术本身之外，政府产业发展政策是影响产业升级的重要原因。二是运用数据进行实证分析。杜传忠和郭树龙（2011）利用全国多个省市的面板数据进行分析，认为资本投入、需求和外商直接投资等因素对我国产业升级具有正向作用，而劳动力数量、技术水平、进出口贸易总额对我国产业升级的作用不显著。梁树广和李亚光（2012）基于省级面板数据构建了计量经济模型，认为人力资本、最终消费、投资和外资因素对产业升级具有正向影响作用，而 R&D 强度则对产业升级具有负向影响作用。

具体到第三产业升级的影响因素，主要是针对旅游产业和文化产业的研究。关于旅游产业，杨立勋等（2013）通过固定效应面板数据以及分位数回归模型，发现经济实力、资本投入、市场制度、对外开放和服务化水平是影响旅游产业升级的主要因素；张鹏等（2014）利用随机前沿方法和空间 Durbin 模型，发现区域产业开放度对本地旅游产业升级具有积极影响，但对周边区域存在抑制效应，资源禀赋和区域知识基础对特定区域内旅游产业升级的影响为负，但对周边区域旅游产业升级存在正向溢出效应。关于文化产业，万丽娟和张变玲（2013）使用灰色关联模型，发现产业环境、政府政策以及社会文化环境与文化产业升级之间的关系最为密切；林秀梅和张亚丽（2014）通过建立面板数据模型对全国及东、中、西三大区域的文化产业进行计量研究，结果显示文化消费需求、文化产业投资和政府扶持三项因素均与我国文化产业升级呈正相关；黄伟群（2014）运用主成分分析法和多元线性回归分析法进行实证分析，发现生产要素、市场及政府、广电三大因子是我国文化产业发展的主要影响因素。

通过对上述文献的梳理可以发现，截至目前，关于产业升级影响因素的研究主要限于制造业和服务业中的旅游产业和文化产业，关于银行产业升级的研究较少。因此，本章在变量选取方面，既借鉴了上述研究，又结合了银行业的特点，将影响银行产业升级的因素分为两大类：一类为宏观因素，具体包括经济环境、产业环境和法律环境；另一类为微观因素，具体包括银行股权结构、创新能力和风险管理。

一 宏观解释变量与研究假设

(一) 经济环境

根据以往研究发现，某一产业的发展依赖其面临的经济环境（王洪生，2014）。《国民经济行业分类》（GB/T 4754—2011）中明确指出，金融业包括货币金融服务、资本市场服务、保险业和其他金融业四大类，依据定义，银行业属于货币金融服务。本章采用金融业增加值占 GDP 的比重这一指标来衡量我国金融业的发展情况。一般来讲，一国金融业增加值占 GDP 的比重越大，该国金融业就越发达，则该国民众及国外相关投资者就会增强对该国金融业的信心，从而给予更多的投资，使金融业获得更多、更优质的发展资源，银行业也会因此获益，从而推进银行产业升级。故本章提出以下假设。

H1：金融业增加值占 GDP 的比重（FAV）对银行产业升级有正向影响。

(二) 产业环境

产业的发展会受制于该产业面临的市场环境，而外资银行的进入水平则会影响该环境。Levine（1997）认为外资银行进入有利于优化本土银行业的资源配置，从而提高银行体系资源利用水平；Lehner 和 Schnitzer（2008）认为外资银行进入会通过溢出效应和竞争效应对东道国的商业银行产生积极作用。然而，Berger 等（2001）认为外资银行会凭借自身的竞争优势和本土银行抢夺财务状况良好的高端客户群体，从而严重冲击本土商业银行的营利性、流动性和安全性，抑制银行产业升级；李晓峰等（2006）认为外资银行进入降低了中资银行的流动性、资产质量、非利息收入、资产收益率等，从而给商业银行带来消极影响；谢升峰和李慧珍（2011）认为在规模报酬不变的假设条件下，外资银行进入会使国内银行当年的总技术效率显著下降。本章采用外资银行资产占银行业总资产的比重来衡量外资银行进入水平，依据上文分析，本章提出以下假设。

H2a：外资银行资产占银行业总资产的比重（*FB*）对银行产业升级有正向影响。

H2b：外资银行资产占银行业总资产的比重（*FB*）对银行产业升级有负向影响。

（三）法律环境

产业升级离不开法律的规范与保护，而一国（地区）的执法力度则会直接影响法律进行规范与保护的程度。对银行业而言，随着法治程度的提升，相关部门会加强对银行的监管（Murshed，Subagjo，2000），在此环境下，银行会更加规范自身行为，加强对各项业务的管理，从而提高自身的稳定性和安全性，推进产业升级。特别是对上市银行而言，由于公开上市的银行其各项信息均要对外界进行披露，一言一行也会直接被民众获悉，因此上市银行会更加注重法律对自身的约束情况，法治程度的提高会促使这些银行采取较未上市银行而言更加审慎的原则和更为有效的管理方式（孙建波，2010）。由于没有特定用来衡量银行产业内部法律执行情况的指标，因此本章选择法治指数来衡量包括银行业在内的所有产业面临的共同法律环境。法治指数由世界银行给出并由其进行世界范围内的测量和统计，其取值范围为 -2.5~2.5，该数值越大，表示该国的法治程度越高。基于上述分析，本章提出以下假设。

H3：法治指数（*RL*）对银行产业升级有正向影响。

H4：相比未上市银行，法治指数（*RL*）对上市银行（*D*）的影响更为明显。

二　微观解释变量与研究假设

（一）股权结构

随着股权分置改革的完成和市场化进程的日益推进，各大商业银行逐步实现了公开上市。高连和（2005）通过实证分析，认为产权结构及产权制度的缺陷是我国商业银行效率低下的根本原因，而解决该问题的方式就是使产权多元化；孙建波（2010）从公司治理、风险管理和监管等方面就银行上市前后进行了对比，发现上市以后银行独立董事队伍的质量明显提高，公司治理结构得到明显改善，融资机制更为灵活，得到的监管也更为充分。本章采用银行是否上市这一虚拟变量来衡量银行的股权结构并提出以下假设。

　　H5：商业银行公开上市（D）对银行产业升级有正向影响。

（二）创新能力

银行非利息业务具有风险程度低、资本占用少、抗周期性强等特点（魏鹏，2008），因此多数研究认为该类业务规模的大小可以作为衡量银行创新能力的重要标志（王永海、章涛，2014）。本章采用银行非利息收入占营业收入的比重来衡量银行的创新能力，该比重越大，说明银行收入结构越多元化，银行业务创新的能力就越强。根据传统的资产组合理论，银行开展非利息业务可以改善单一的收入结构，降低经营风险，提高资源利用效率，促进银行产业升级，Stiroh（2004）的研究支持了上述观点。然而，部分研究却持有相反意见，认为随着银行非利息业务规模的扩大和银行创新能力的增强，银行会面临越来越大的经营风险，甚至当银行资产达到一定规模之后，非利息收入的快速增长还会给银行带来巨大的破产风险（De Young，Roland，2001；王菁、周好文，2008；王永海、章涛，2014），即银行创新能力的增强反而不利于银行产业升级。基于上述分析，本章提出以下假设。

H6a：银行非利息收入占营业收入的比重（NII）对银行产业升级有正向影响。

H6b：银行非利息收入占营业收入的比重（NII）对银行产业升级有负向影响。

（三）风险管理

银行的资产可分为现金、证券、贷款、固定资产、无形资产等，各类资产的风险和收益均有差异。依据中国银监会 2012 年公布的《商业银行资本管理办法（试行）》第四章的规定，不同风险的资产被赋予了不同的风险系数，风险高的资产风险系数也高，其带来的不确定性就越大。为了抵抗这种不确定性带来的冲击，实现对风险的有效控制，保证日常运营和未来发展，商业银行必须具备足够与其风险资产相抗衡的自有资本。银行的资本充足率衡量了银行资本与风险资产之间的比例关系，该数值越大，表明银行以自有资本抵抗潜在损失的能力越强，其所处的经营环境也就越安全，这样就为银行产业升级提供了更多的内部保障。本章采用资本充足率来衡量银行的风险管理情况并提出以下假设。

H7：资本充足率（CAR）对银行产业升级有正向影响。

综上所述，测度银行产业升级的指标选取情况及预期影响见表 6 - 1。

表 6 - 1　指标选择和预期影响

变量	指标名称	符号	定义	预期影响
银行产业升级	金融资源利用水平	P	银行利税总额/银行资源投入	
经济环境	金融业增加值占 GDP 的比重	FAV	金融业增加值/GDP	+

续表

变量	指标名称	符号	定义	预期影响
产业环境	外资银行资产占银行业总资产的比重	FB	外资银行资产总额/银行业资产总额	?
法律环境	法治指数	RL	取值范围为 -2.5~2.5，数值越大，法治程度越高	+
股权结构	银行是否上市	D	若银行上市，则取值为1，否则取值为0	+
法律环境×股权结构	法治指数×银行是否上市	$RL \cdot D$	若银行上市，则法治指数取值为1，否则取值为0	+
创新能力	非利息收入占营业收入的比重	NII	银行非利息收入/营业收入	?
风险管理	资本充足率	CAR	银行资本总额/加权风险资产总额	+

三 数据来源

本章选取我国14家主要商业银行2000~2013年的面板数据为研究对象。选取这14家商业银行来代表整个银行产业主要有两方面的原因：一方面，城市商业银行和农村商业银行等的数据搜集困难，部分股份制商业银行成立较晚或报表编制不够规范等导致相关数据部分缺失，因此只考虑我国主要的商业银行；另一方面，这14家商业银行的资产占我国商业银行总资产的比例较高[①]，样本具有较好的代表性。本章使用的数据来自这14家商业银行的年度报告（2001~2014年）、CSMAR数据库、世界银行WGI数据库以及《中国金融年鉴》（2001~2014年），采用的计量分析软件为Eviews 7。

---

① 根据中国银监会年报以及各银行2001~2014年的年度报告，可以计算出2000~2013年14家主要商业银行资产占整个银行业总资产的比重分别为98.34%、97.69%、93.44%、88.44%、89.63%、88.39%、84.99%、87.73%、82.82%、81.33%、79.92%、77.32%、72.35%和70.36%。

第四节　实证检验

一　样本的描述性统计

由于本章的绝大多数指标（如金融资源利用水平、金融业增加值占GDP 的比重、外资银行资产占银行业总资产的比重、银行非利息收入占营业收入的比重和资本充足率）为相对数指标，而其余的指标（法治指数、银行是否上市）也都不会受到通货膨胀、银行规模等主观和客观因素的影响，因此本章选取的所有指标均在不同银行、不同年份之间具有可比性，其描述性统计（除虚拟变量与交互项之外）见表 6 - 2。

表 6 - 2　各变量描述性统计

项目	P	FAV	FB	RL	NII	CAR
均值	0.014	5.892	1.923	- 0.418	16.753	10.937
中值	0.014	6.300	1.941	- 0.447	15.741	11.180
最大值	0.034	7.000	2.356	- 0.322	39.611	17.560
最小值	0.003	4.000	0.260	- 0.547	2.892	2.300
标准误	0.005	0.877	0.343	0.076	7.219	2.329

通过对各变量的描述性统计可以得出以下结论。①我国金融业增加值占 GDP 的比重依旧较低。近年来，虽然我国第三产业占比稳步提升，并于 2013 年首次超过了第二产业[①]，金融业作为第三产业的一个重要组成部分，其增加值占 GDP 的比重也由 2000 年的 4.8% 增加到了 2013 年的 7%[②]，但这一数值和美国相比依旧偏低。美国在 20 世纪 80 年代该指标就已经达到了 5.59% ，高于我国 2000 年的水平，进

[①] 《中国统计年鉴》数据显示，2013 年我国第二产业 GDP 为 249684.4 亿元，第三产业 GDP 为 262203.8 亿元。
[②] 《中国统计年鉴》（2001～2014 年）。

入 21 世纪之后的头十年，其平均值更是高达 8.01%①。②我国外资银行进入水平不断波动。2006 年 12 月 11 日，随着外资银行在中国境内经营人民币业务的地域和客户对象的限制被取消，我国的外资银行进入水平曾在之后的几年间大幅度提高，然而近年来又呈现下降趋势。③我国商业银行的法治指数较低，法治程度不高。近年来我国商业银行的法治指数均为负数，而在美国，同时期该项指标则稳定在 1.5 左右②。④我国银行业非利息收入占营业收入的比重较低，且不同银行之间的差异较大。近年来，我国 14 家主要商业银行的非利息收入占营业收入的比重基本上稳定在 16.7% 左右，最大可以占到近 40%，最小只占到 2.89%。而 OECD 数据库数据显示，从 2000 年开始，美国银行业的非利息收入占营业收入的比重就已经基本稳定在 40% 左右③。⑤我国银行业资本充足率基本达标。根据《巴塞尔协议》规定，我国商业银行的资本充足率必须达到 8%。从样本整体来看，我国商业银行基本上达到了这一指标要求，但有个别银行的资本充足率较低，说明其日常经营风险较大。

二　平稳性检验与相关性分析

在回归之前，本章对全部变量（除虚拟变量和交互变量外）分别用三种方法进行了单位根检验，检验结果见表 6 - 3。

表 6 - 3　序列的平稳性检验

变量	Levin，Lin & Chut	Im，Pesaran and Shin W-stat	ADF-Fisher χ^2	判定结论
ln$P$	- 9.5565	- 1.1780	48.0069	平稳
lnFAV	- 5.2878	- 1.7950	38.7942	平稳

① http://www.financialnews.com.cn/yw/gd/201209/t20120929_17389.html.
② 世界银行 WGI 数据库。
③ 截至 2015 年 4 月，OECD 并未公布美国银行业 2010 年及以后年度非利息收入占营业收入的比重情况。

变量	Levin, Lin & Chut	Im, Pesaran and Shin W-stat	ADF-Fisher χ^2	判定结论
$\ln FB$	-34.5503	-20.1015	234.309	平稳
RL	-1.4054	-1.6436	31.9924	平稳
$\ln NII$	-3.2276	-1.7478	36.6815	平稳
$\ln CAR$	-7.5751	-0.7208	44.5829	平稳

由表 6-3 可知，各变量均已通过单位根检验，从而可以最大限度地避免伪回归现象。

为了规避内生性，还要对选取的变量进行两两间相关关系的检验，检验结果见表 6-4。

表 6-4　变量的相关系数

变量	$\ln FAV$	$\ln FB$	RL	$\ln NII$	$\ln CAR$
$\ln FAV$	1				
$\ln FB$	0.3373 ***	1			
RL	0.4518 ***	0.3185 ***	1		
$\ln NII$	0.0592	-0.3029 ***	0.0787	1	
$\ln CAR$	0.4893 ***	0.0587	0.1683 **	0.0579	1

注：＊＊＊表示回归结果在双侧 1% 水平上显著，＊＊表示回归结果在双侧 5% 水平上显著。

由表 6-4 可以看出，各自变量之间并无强烈的相关关系，因此，由这些变量构建的模型不会出现绝对的多重共线性。

三　模型的构建

由于本章搜集的是 2000～2013 年共 14 年的数据，时间跨度较大，因此在进行回归计算之前首先对大多数变量进行对数化处理（由于 RL 数值为负，D 为虚拟变量，因此未将这两个变量对数化）。综合上述分析，本章的基本计量模型为：

$$\ln P_{it} = a_i + \beta_1 \ln FAV_t + \beta_2 \ln FB_t + \beta_3 RL_t + \beta_4 D_{it}$$
$$+ \beta_5 RL_t \times D_{it} + \beta_6 \ln NII_{it} + \beta_7 \ln CAR + \varepsilon_{it} \qquad (6-2)$$

其中，t 表示时间，i 表示银行，ε_{it} 表示银行 i 在时间 t 的外生变量部分。为更准确地反映各因素对银行产业升级的影响，必须确定面板数据模型的具体形式。一般来说，可通过 F 检验来判断是否存在组间效应，若不存在，则选用混合回归模型；若存在，则还要通过 Hausman 检验来确定是采用个体固定效应模型（FE）还是随机效应模型（RE）。F 统计量计算公式为：

$$F = \frac{(SSE_c - SSE_u) / (n-1)}{SSE_u / (nT - n - k)} \qquad (6-3)$$

其中，SSE_c 和 SSE_u 是分别采用混合回归模型和具有组间效应的回归模型计算出来的残差平方和，n 表示截面数据个数，k 表示解释变量个数，T 表示时期数。

四　结果与分析

根据式 6 - 2，对收集到的面板数据进行逐步回归，不断剔除不显著的变量。具体的回归结果见表 6 - 5。

表 6 - 5　面板数据的回归结果

变量	（1）	（2）	（3）	（4）	（5）	（6）	（7）
C	- 1.079**	- 1.093**	- 1.063***	- 0.534	- 2.032***	- 2.213***	- 2.510***
lnFAV	1.152***	1.135***	1.318***	1.354***	1.411***	1.449***	1.268***
lnFB		0.009					
RL			1.106***	1.033***	4.156***	4.307***	4.545***
D				- 0.430*	1.407***	1.514***	1.694***
RL · D					3.421***	3.568***	3.832***
lnNII						- 0.100**	- 0.110**
LnCAR							0.190*

续表

变量	（1）	（2）	（3）	（4）	（5）	（6）	（7）
R^2	0.669	0.666	0.694	0.703	0.479	0.499	0.750
F 统计量	6.22	5.45	6.63	6.92	6.92	7.36	4.93
Hausman 检验 P 值	0.01	0.03	0.03	0.04	0.24	0.36	0.04
回归方法	FE	FE	FE	FE	RE	RE	FE

注：＊＊＊表示回归结果在双侧1%水平上显著，＊＊表示回归结果在双侧5%水平上显著，＊表示回归结果在双侧10%水平上显著。

由表 6 - 5 可知，模型（7）取得了较为理想的拟合效果，下面根据结果具体分析各因素对我国银行产业升级的影响。

（1）金融业增加值占 GDP 的比重与银行产业升级呈正相关且在1%的置信水平下通过了显著性检验，这一结果支持了 H1。这说明当金融业增加值不断上升并在总产出中所占比重不断提升时，民众对金融业的发展前景就会普遍看好，进而会增加对金融业（包括银行业在内）的资源投入，使银行更易获得大量优质的发展资源以提升自己的盈利能力和经营效率，最大限度地推进产业升级。

（2）从单一变量来看，法治指数与银行产业升级呈正相关；从交互项变量来看，当银行成功上市之后，法治指数对银行产业升级的影响程度会进一步增强。上述两种情况均在1%的置信水平下通过了显著性检验，支持了 H3 和 H4。这说明法治程度的提高会促使各商业银行，尤其是上市的商业银行加强内部管理、规范业务程序、减少虚假操作、提高资源利用能力，从而使整个银行业处在健康、有序的发展环境中，促进银行产业升级。

（3）银行是否上市与银行产业升级呈正相关且在1%的置信水平下通过了显著性检验，这一结果支持了 H5。这表明对于全部商业银行来说，公开上市会使其股权更加多样化，有利于推动多方权力的制衡和彼此之间的监督，从而增强银行内部控制和管理能力，提高资源利用水平，推进产业升级。

（4）非利息收入占营业收入的比重与银行产业升级呈负相关且在5%的置信水平下通过了显著性检验，这一结果支持了H6b。这表明从整体来看，如果基于当前各商业银行对非利息业务的管理方式和水平，非利息收入占营业收入的比重扩大会导致银行投入资源的相对增加和资源利用水平的相对降低，不利于银行产业升级。

（5）资本充足率与银行产业升级呈正相关且在10%的置信水平下通过了显著性检验，该结果支持了H7。这表明银行资本充足率的提高，有利于增强商业银行对风险的承受能力，提高其经营的稳定程度，从而为商业银行进一步提高自身盈利能力和资源利用水平等提供更为有利的内部环境支撑，推进银行产业升级。

五　稳健性检验

为了使实证结果更为可信，本章进行了稳健性检验。首先剔除掉分布在5%以下和95%以上的极端数据，其次使用剩余的数据进行回归，得到的结果与之前的基本一致。

第五节　结论与对策建议

一　结论

本章从宏观和微观两个层面对影响我国银行产业升级的因素进行了系统的实证分析，根据实证结果，得出以下结论：①大力发展金融业，提高国内金融业发展水平，可以为银行产业提供更为充足的发展资源和更为有利的经济环境，推进银行产业升级；②坚持依法治国，加大金融执法力度，有利于规范银行尤其是上市银行的日常经营行为，促进市场健康发展，推进银行产业升级；③鼓励银行上市，有利于督促银行加强内部管理，促进银行产业升级；④目前我国本土银行对非利息业务的管理水平有限，这种情况下若只注重扩大该类业务的规模将不利于银行产业升级；⑤对于银行来说，保持足够的资本充足率，有利于保障经营稳定性，推进银行产业升级。基于此，本章提出以下对策建议。

二 对策建议

（一）推进三次产业结构调整，大力发展金融业

对于国家来说，首先，要继续推进三次产业结构调整，大力发展金融业，增加金融资源投入的数量和质量，推动金融领域内银行业、证券业、保险业和其他金融业之间进行业务上的合作与交流，逐步实现信息、人力、物质等方面的共享，提高金融资源的整体利用水平。其次，要加大金融执法力度。可以通过提高金融业执法人员的入职门槛、加强执法人员的专业和道德素质培养、建立合理的评价体系对执法人员的工作进行测评、加大对违规执法者的惩罚力度、建立对执法者的监督机构等措施来实现。最后，推进银行公开上市，深化银行股权多样化改革。可以通过简化银行上市的审批流程、放松银行上市所需的基本条件等措施促进银行上市，也可以通过股权转让等形式适当降低国家在商业银行中的持股比例来增加商业银行资本的多样性，还可以通过制定投资者持股比例的上限来确保多方股东权力的相互制衡，从而真正实现银行的公司化治理。

（二）加强开展非利息业务，提高创新能力

对于商业银行来说，应在加强管理的基础上进一步开展非利息业务，提高创新能力。不断拓展非利息业务的范围和规模是银行发展的必然趋势，然而按照当前我国银行对非利息业务的管理情况，该业务不宜进一步拓展。因此，银行必须提高对非利息业务的管理水平，可以通过建立专门的非利息业务管理部门来达到这个目的。该部门既负责某项非利息业务从开始到结束的整个环节，如关于该业务的市场调研、规划制定、新产品开发、市场营销、服务反馈等；又负责对从事

该项业务的人员进行管理，如对人员进行选拔、培训、监督、评估和考核等。另外，应保持必要的资本充足率。商业银行应在综合考虑各类风险资产的安全性和营利性的基础上，结合自身情况，合理对资产进行分配，保持适当的风险资产规模，并在此基础上保证一定比例的自有资本，以提高自身对潜在经营风险的抵御能力和应对能力。

第七章　银行产业升级的历程与路径

本章导读：随着国际金融业混业经营大趋势的不断发展，我国的金融结构也变得日益复杂，以维持金融稳定为目标的分业监管体制开始面临诸多挑战，银行产业升级已经成为学者讨论的焦点。本章通过对产业升级的方式进行梳理，结合银行产业的特点，以美国、德国和日本银行业的发展历程为分析对象，得出各国不同时期的银行产业升级路径，并在分析我国银行产业发展历程的基础上，提出我国银行产业的升级路径。

20世纪90年代以来，国际经济关系从之前实体经济的"物质关系"逐步转变成为虚拟经济的"价值关系"，国际金融活动已悄然成为国际经济活动的主导。尤其是在进入21世纪后，随着全球化进程的加快，中国正在努力提升自己在国际金融关系中的地位，这种诉求无形中给国内金融服务、现代银行业务范围带来了更大的挑战。因此，如何维持金融稳定、促进我国银行产业健康发展，逐渐受到学者的关注。本章将通过对产业升级方式的梳理，结合银行产业的特点，以美国、德国和日本银行业的发展历程为分析对象，得出各国不同时期的银行产业升级路径，进而为我国银行产业升级的路径选择提供参考。

第一节　国际银行产业的发展历程与升级路径

在金融不断开发的环境下，以传统业务为生的国内商业银行的盈利空间越来越小，实现我国现代银行业产业升级、发展全能型银行势在必行。随着科学技术的快速发展、金融业竞争的深化和金融信息的发展，银行、证券、保险业务品种的相互交叉正在扩大，出现了三业间混业经营的模式。在金融业分业和混业的问题上，国际金融业大体上可分为两种类型：一种是混业全能型；另一种是分业型。从世界金融制度的发展历史看，绝大部分国家金融业最初的金融自然发展状态都是一种混业状态，此后逐渐走上了一条"混业经营—分业经营—混业经营"的发展道路。金融分业和混业各具优势，分业经营有利于金融业的安全与稳定，混业经营则有助于提高效率（曹小武、杜玉红，2008）。从产业升级的角度分析，银行业效率的提高可以通过产业结构优化来实现，也就是银行产业升级的路径，这正是我们要研究的问题所在。

在现代市场经济国家金融业的发展历程中主要有两种经营模式：一种是以美国、日本为代表的"混业—分业—混业"经营模式；另一种是以德国为代表的综合银行模式——两业始终融合在一起（陈柳钦，2005）。世界各国都根据自身的特点，在不同的历史阶段自发或自觉地选择了适合自己的经营模式。美国金融制度是世界上公认的比较完善、规范和有效的金融制度，美国金融监管制度的变迁和演进是世界金融业发展的一个缩影，美国金融制度的变革和发展趋势在一定程度上预示着世界金融业发展的方向。德国的金融制度比较独特，即使在大多数国家为规避风险选择分业经营的时候，德国的金融业也一直坚持以混业经营为特征的全能银行模式。而中国银行产业升级的路径应该如何选择，将通过分析比较上述两个国家和其他主要经济体的银行产业升级路径得到参考。本章首先根据不同国家银行产业不同时期的特点，对美国、德国、日本等发达国家银行业发展历程与升级路径进行对比分析，为探索符合我国国情的银行产业升级路径提供经验借鉴；其次对我国银行业的发展历程进行分析；最后结合我国银行发展特点，以及目前银行业所处的内外环境，提出我国商业银行应加快转型升级步伐，转变发展模式，加快业务创新，提升服务质量，加大监管力度，通过金融创新提升商业银行的竞争能力。

一 美国现代银行业的发展历程与升级路径

美国银行业是典型的金融控股型全能银行，这种经营模式的形成经历了漫长而曲折的发展过程（尹亚红，2007）。最初，美国银行业实行的是混业经营模式。但在 20 世纪 30 年代的大危机中，金融体系崩溃，导致经济大萧条。当时监管机构认为，商业银行从事高风险的证券业务，有悖于银行稳健经营的原则，而且这种行为对股票市场投机、银行倒闭和大萧条都负有不可推卸的责任。1933 年《格拉斯－斯蒂格尔法案》迅速通过并立即生效，美国从此开始了长达 60 多年的分业经营体制。1999 年，美国顺应历史潮流通过了《金融现代化法案》，该法案大大扩展了银行可以从事的业务范围，并创造了金融控股公司，标志着金融业分业经营时代在美国的结束。许多金融机构正是在这种管制放松的情况下得到了迅速发展，如花旗银行在与旅行者集团合并后，其总资产达到 7000 亿美元，净收入为 500 亿美元，股票市值超过 1400 亿美元，拥有遍及 100 多个国家和地区的 1 亿多客户，成为世界上规模最大的金融控股型全能银行之一。

美国现代金融体系的发展历程大致分为三个阶段，每个阶段都有对应实施的法律。第一阶段为美国现代银行业发展初期至 20 世纪 30 年代大危机。该时期美国实行的是混业经营模式。第二阶段是 20 世纪 30 年代大危机后至 1999 年 11 月 12 日。由于经济的大萧条，美国政府于 1933 年通过《格拉斯－斯蒂格尔法案》，明确规定实行金融分业制度。第三阶段为 1999 年 11 月 12 日至今。自 1933 年以来，由于长期实行严格的分业经营，美国现代银行业难以得到有力发展，尤其是随着世界范围内德国、日本等国家的全能银行在国际业务中快速崛起，美国国内要求全面修订分业经营金融体制的呼声日益强烈。1999

年 11 月 12 日，由克林顿总统签署的美国《金融服务现代化法案》生效，标志着《格拉斯－斯蒂格尔法案》的结束和美国正式走上金融体系全能化道路。

根据新法律，金融控股公司可以让子公司开展包括银行、证券和保险在内的全部金融业务。可以说，这部法律确定了美国金融业的发展方向，对原有法律内容做出了根本性修改。"千呼万唤始出来"的《金融服务现代化法案》，被当时的美国总统认为具有"里程碑"意义。该法案大大扩展了银行可以从事的业务范围，并创造了"金融控股公司"这一新的法律概念。事实上，金融控股公司是指以金融为主导行业的控股公司，是"银行控股公司"概念的延伸（尹亚红，2007）。虽然美国现行法律允许银行控股公司收购证券、保险等非银行子公司，但仍然实行分业监管方式：由美国联邦储备委员会监管商业银行业务，由证监会监管银行的证券业务，由保监会机构监管与银行合并的保险机构。此外，值得注意的是，该制度采取二级法人制，各子公司是完全独立的法人机构，金融控股公司对子公司的责任是有限的，只限于对子公司资本的投入。该特点使子公司有充分的经营自主权，避免银行内部决策势力过大，对整体经营风险也有很好的分散作用。

根据对美国银行业发展历程的相应分析，结合银行业产业升级的特点，本章认为在 20 世纪 30 年代前以及 20 世纪 30 年代大危机后至 1999 年 11 月 12 日这两个时期，美国银行业的产业升级方式为产品升级、服务升级；在 1999 年 11 月 12 日至今这个时期，美国的银行产业升级方式为以形成金融控股公司为特点的全面升级。由此可得出，美国的银行产业升级路径为从单纯的产品升级、服务升级过渡到以形成金融控股公司为特点的全面升级。

二　德国银行业的发展历程与升级路径

20 世纪 60 年代以来，德国经济从"二战"后的一片废墟中迅速崛起，一举成为欧洲最大、世界第三的经济强国，被经济学家誉为"经济奇迹"。德国经济取得的成就与其独树一帜的全能银行型金融制度密切相关。银行业采用混业经营模式是当今世界金融业发展的大趋势，德国银行是混业经营模式最成功的典型例证。德国的全能银行型金融制度具有业务领域充分多元化、通过股权投资形成业务网络、广泛的集团外部相互持股以及全能银行是证券市场的主体等特点。德国全能银行的优势主要体现在经济范围优势、资金优势、成本优势、网络优势以及抗风险优势等方面（戴群中，2007）。德国全能银行的经营模式，除传统的存贷款、担保等中间业务外，其经营范围还包括证券承销、资产管理、企业咨询、风险资本、避险工具以及人寿保险、个人理财等几乎所有的金融服务（王琪琼、王璐玲，2001）。

德国的商业银行由两大部分组成：综合银行和专业银行。其中，综合银行主要负责存贷款和证券等多种服务，专业银行则主要从事存款、贷款或证券等某一方面的业务。专业银行无论是从业务范围还是经营规模来看都不如综合银行广泛。所谓的全能银行便是综合银行，也是占德国商业银行比重最大的银行体系。原则上德国的全能银行可以经营所有业务，可以从事"全能"的金融活动，业务领域充分多元化，不仅包括传统商业银行的存、贷、汇业务和投资银行业务的债券、股票发行以及各类证券、外汇、贵金属交易、项目融资等业务，而且可以进行保险、抵押、证券经纪、基金等资产管理、咨询以及电子金融服务等所有金融业务。可以说，一家全能银行可以涉足金融领域内的任何业务。与此同时，德国的全能银行也是证券市场的主体，不仅提供全套证券服务，而且是一级市场的最大买主。此外，全能银行还可以在二级市场上从事代理证券买卖和自营业务。

根据对德国银行业发展历程的相应分析，结合银行业产业升级的特点，本章认为德国银行产业的升级方式一直是全面升级，所以德国的银行产业升级路径是以产品升级和服务升级为主的全面升级。

三　日本银行业的发展历程与升级路径

日本的银行发展史是聚合与兼并的历史。然而，战前小规模银行兼并和集约化的过程与战后以都市银行为中心的大型化兼并过程截然不同。尤其是 20 世纪 90 年代后期启动的超巨型银行大兼并形成的三大金融集团鼎立的新格局打破了日本金融界的力量对比（戴晓芙，2008）。日本主要实行主办银行制度，该制度成熟于 20 世纪 50 年代的经济高速增长时期，对战后日本经济的高速增长起到了有力的推动作用，日本逐步建立起了一个以银行为中心的巨大企业集团，如三菱集团、第一劝业银行集团等。银企之间密切的商务往来和合作关系大大增强了日本企业在国际市场上的竞争力，两者"一荣俱荣、一损俱损"的关系构成了战后日本独具特色的银企关系。同时，在银企关系中，日本主银行制度包括三方面内容：第一，银行和企业订立关系型契约，企业选定一家银行作为其业务往来银行，在其中开立账户，并主要从这家银行进行存贷款业务；第二，银行之间形成特殊关系，若干家以同一银行为主银行的企业，常常以该银行形成企业集团，方便协调融资；第三，银行持有企业股份，这一点在德国全能银行中也有体现，银行派专员参与企业的财务管理，主办银行有责任帮助企业走出困境。

根据对日本银行业发展历程的相应分析，结合银行业产业升级的特点，本章认为 20 世纪 50 年代日本银行业的产业升级方式为以跨行业合作为特点的全面升级；20 世纪 90 年代日本银行业的产业升级方式为以横向并购为特点的全面升级。由此得出，日本的银行产业升级路径为从以跨行业合作为特点的全面升级到以横向并购为特点的全面升级。

四　银行产业升级路径的国际比较

根据不同国家银行产业不同时期的特点，整理出银行产业升级方式与产业升级路径的对比，见表 7 - 1。

表 7 - 1　银行产业升级方式与产业升级路径对比

国家	时期	阶段描述	产业升级方式（类型）	产业升级路径
美国	20 世纪 30 年代前	混业经营模式	产品升级、服务升级	从单纯的产品升级、服务升级过渡到以形成金融控股公司为特点的全面升级
	20 世纪 30 年代大危机后至 1999 年 11 月 12 日	《格拉斯 - 斯蒂格尔法案》明确规定实行金融分业制度，分业经营	产品升级、服务升级	
	1999 年 11 月 12 日至今	《金融服务现代化法案》扩展了银行可以从事的业务范围，并创造了"金融控股公司"这一新的法律概念	以形成金融控股公司为特点的全面升级	
德国	20 世纪 60 年代至今	德国全能银行的经营模式，除传统的存贷款、担保等中间业务外，其经营范围还包括证券承销、资产管理、企业咨询、风险资本、避险工具以及人寿保险、个人理财等几乎所有的金融服务	全面升级	以产品升级和服务升级为主的全面升级
日本	20 世纪 50 年代	对战后日本经济的高速增长起到了有力的推动作用，日本逐步建立起一个以银行为中心的巨大企业集团，如三菱集团、第一劝业银行集团等	以跨行业合作为特点的全面升级	以跨行业合作为特点的全面升级到以横向并购为特点的全面升级
	20 世纪 90 年代	20 世纪 90 年代后期启动的超巨型银行大兼并形成的三大金融集团鼎立的新格局打破了日本金融界的力量对比	以横向并购为特点的全面升级	

分析对比表 7 - 1 中各国银行产业升级的方式与其所对应的升级

路径，不难发现，美国经过三个阶段的银行产业升级，最终形成从单纯的产品升级、服务升级过渡到以形成金融控股公司为特点的全面升级的产业升级路径。而德国和日本的银行产业在各自的经济和政治背景下都形成了具有自身特点的银行产业升级路径。由于德国银行业采取的一直是混业经营，所以德国形成了以产品升级和服务升级为主的全面升级的产业升级路径；日本则结合自身经济的特点完成了以跨行业合作为特点的全面升级到以横向并购为特点的全面升级。

第二节　中国银行业的发展历程

20 世纪 80 年代初期，中国人民银行"一统天下"的格局被打破，形成了由中国银行、中国建设银行、中国工商银行和中国农业银行组成的专业银行体系，这是中国商业银行体系的最初形态。20 世纪 80 年代中后期，整个国民经济发展和经济体制改革对银行业和金融业提出了更高的要求，专业银行运作中存在的不少弊端也逐渐暴露，从 1994 年前后开始，中国银行体系中不再有"专业银行"这一类别，在中国的银行体系中起绝对支撑作用的中国工商银行、中国农业银行、中国银行、中国建设银行被改造为国有独资商业银行。

1987 年，国家重新组建后的交通银行正式对外营业，招商银行等一批新兴商业银行随即产生，到目前为止，已先后设立了 10 家新型的全国性商业银行，包括交通银行、招商银行、中信实业银行、中国光大银行、华夏银行、中国民生银行、广东发展银行、深圳发展银行、福建兴业银行和上海浦东发展银行（已剔除合并了的中国投资银行和被关闭的海南发展银行），一批新型商业银行的设立，丰富和完善了商业银行体系。从 1993 年开始，我国先后组建了国家开发银行、中国进出口银行和中国农业发展银行三家政策性银行，从而实现了在金融体系内商业性金融与政策性金融职能的分离，扫除了"工农中建"四大专业银行向商业银行方向改革的最大障碍。同时，受亚洲金融危机的影响，我国银行业逐渐实行了严格的分业监管。1995 年发布实施的《中华人民共和国商业银行法》明文规定，商业银行在中华人民共和国境内不得从事信托投资和股票业务，以立法形式确立金融分业制度格局。其后，《中华人民共和国证券法》《中华人民共和国保险法》相继颁布，与《中华人民共和国银行法》共同构成了金融分业的法律基础。随即地方银行开始兴办，全国各大中城市分两步组建了近百家地方性商业银行。从 1995 年开始，我国先后将分散的众多城市信用社改组、合并成城市合作银行，继而在 1997 年之后全部改称为"某某市商业银行"。这些银行基本上是由地方政府（通过财政渠道）掌握一部分股权加以控制。另外，还有 2 家住房储蓄银行（烟台住房储蓄银行、蚌埠住房储蓄银行）和约 4500 家城乡信用社。与此同时，我国积极加快商业银行上市步伐。自 1991 年深圳发展银行上市以来，银行上市一直受到严格限制，但随着市场化改革的逐渐深入，1999 年上海浦东发展银行成为政策解冻后的第一家上市商业银行，2007 年末绝大部分国有商业银行和主要股份制银行都已经上市。2007 年，首批外资法人银行成立，包括汇丰银行、花旗银行、渣打银行、东亚银行。

综上所述，经过 60 多年的改革发展，我国在建立中央银行制度的同时，通过"存量改革"和"增量导入"两条途径，打破了"大一统"的银行组织体系，实现了中国银行业由垄断走向竞争、由单一走向多元、由封闭走向开放、由功能狭窄走向健全完善的转变，建立起了以中国人民银行为中央银行，以国有商业银行为主体，以股份制商业银行为生长点，中资和外资商业银行并存发展的统一开放、有序竞争的银行组织体系。中国银行体系改革在金融体制改革中居于核心地位，也是中国经济改革的重要组成部分。经过 30 多年的改革变迁，中国银行业取得了长足发展，形成了功能完备的多元化银行体系。

第三节 中国银行业发展过程中存在的问题

随着国内主要商业银行相继进行股份制改造并成功上市，各项业务加速发展，其总资产规模在世界银行同业中的排名大幅提升，但我国商业银行大而不强，除资产总额指标外，营利性和资产质量指标与国际先进银行的差距甚远，表明我国银行产业与发达国家银行产业存在整体差距，二者处于不同的产业发展阶段。我国商业银行缺乏金融核心技术，缺乏金融综合经营空间，缺乏金融创新，提供的金融产品品种单一，仅限于存款、贷款、汇兑以及少量中间业务等附加值较低的银行传统业务，在投资银行产品营销市场竞争中处于劣势。欧美跨国银行凭借 100 多年来形成的金融核心技术向我国金融市场高端客户提供金融综合经营的一揽子金融产品和服务，尤其是向我国企业提供国际市场 IPO、企业并购融资等投资银行服务，在中国市场上处于绝对的竞争优势。据 2011 年我国各市银行中期年报分析，我国 16 家商业银行的平均非利息收入不到 15%，"衬衫换飞机"的不平等国际竞争屡屡在国际国内金融市场上演，并直接影响我国经济的整体发展，威胁我国的金融安全。目前，中国银行系统以国有控股银行为主体，政策性金融与商业性金融相分离，多种金融机构分工协作、协调发展（金毅，2011）。在"一行三会"的监管架构下，市场化调控机制初步形成。同时，银行业对外开放水平不断提高，无论是外资金融机构的进入，还是本土银行的海外经营，都取得了显著成效。

从总量上讲，中国银行业的资产规模不断扩大；从结构上讲，国有银行垄断的局面被打破，股份制商业银行、城市商业银行、城市和农村信用社乃至外资银行等金融机构发展较快，形成了多元化格局。但是，国有商业银行仍然占据主导地位，无论是资产规模、分支机构数量，还是从业人员分布，四大国有商业银行无疑是中国银行系统的主体。分析近年来的数据可以发现，虽然总体上国有商业银行的资产比例呈下降趋势，但仍超过了所有其他银行金融机构比例的总和，对于其他机构具有压倒性优势。

在表7－2中，中国银行的净息差低于其他商业银行，主要原因是中国银行的海外资产占比较大，而海外经营利差仅为1％，这从另一个角度论证了中国银行产业盈利能力的低下。发达国家的商业银行中间业务收入早已摆脱了对手续费收入的依赖，主要依靠咨询服务、融资租赁、并购服务等金融创新业务收入。这种与发达国家的直接差距，迫切要求我国银行业进行产业升级。

表7－2　上市银行净息差及手续费净收入占比

单位：%

银行	净息差	手续费净收入占比
中国工商银行	2.60	23.1
中国农业银行	2.79	20.2
中国银行	2.11	21.1
中国建设银行	2.66	24.3
交通银行	2.54	16.2
民生银行	3.00	20.4
华夏银行	2.65	9.6
招商银行	2.99	17.7
兴业银行	2.28	14.5
浦发银行	2.49	10.4
光大银行	2.55	16.6
北京银行	2.25	9.2
深圳发展银行	2.63	9.8
南京银行	2.56	9.9
宁波银行	2.40	6.9
中信银行	2.89	11.0

资料来源：《第一财经日报》。

第四节　中国银行产业升级的路径

当前经济金融环境下中国的商业银行面临"内忧"与"外患"共存的局面。一方面，商业银行自身资产质量逐步下降，不良贷款呈现总额上升、增速减缓、不同地区与行业分布不均等特点，商业银行自身化解不良贷款的压力巨大；随着利率市场化进程的加快，融资平台债务巨大、资产泡沫化、股市跌宕起伏等特征明显，商业银行自身扩大经营与再发展困难重重。另一方面，商业银行面临的"内忧"与"外患"相互关联、相互影响，内因中资产质量下行、不良贷款余额飙升是当前外因中房产泡沫、利率市场化、平台债高筑的外在集中体现，可以说"外患"正逐步转化为"内忧"，表现为商业银行自身资产质量的下降。以政府融资平台债务为例，由于平台债务的自身特色（还款来源过于依赖财政补贴和土地出让金），一旦商业地价下跌而负债率过高，政府的巨额债务最终将会因无力偿还而转嫁银行，由此带来的高额不良贷款将难以化解。可以看出，商业银行存有的"外患"正逐步变化、影响并控制其"内忧"的产生，集中表现为当前商业银行面临的各类潜在风险，若不采取措施，将会进一步转化为系统性金融风险，严重影响商业银行的长远发展。

当前商业银行所处的经济金融环境错综复杂，银行自身的经营模式和业务结构也在发生深刻变化，风险的复杂性、隐蔽性和传染性进一步增大。一方面，单家机构面临的信用风险、流动性风险、市场风险、操作风险等各类风险的表现形式更加复杂多样，管控难度更大。另一方面，银行表内与表外业务之间、境内与境外业务之间、单机构与金融同业之间、金融体系与实体经济之间的风险关联上升，传递渠道增多，给全面风险管理提出了新的更高要求。此外，商业银行的相对垄断性、经营依赖性和发展粗放性三大特征决定了其对抗以上各类风险的脆弱性，而转型升级是商业银行提升抗风险能力的关键。

综上所述，商业银行必须加快转型升级步伐，转变发展模式，选准并坚持自身的市场定位，加快业务创新，提升服务质量，进而不断提升商业银行的竞争能力，从而保持可持续发展。

一 加快业务创新

在银行业业务发展同质化的情况下，商业银行必须找准自身定位，解决同质化竞争问题。当前我国中小商业银行的市场定位多属跟随型，即业务产品同质化，缺乏自身的经营特色，这使得在资产规模、核心竞争力等远落后于大型商业银行的情况下，中小商业银行往往具有较低的议价能力。可以看出，随着金融业竞争的日趋激烈和利率市场化进程的加快，存贷款利差逐渐趋小，商业银行的利润将会缩水，继续实行跟随型市场定位战略，对于中小商业银行来说无异于慢性自杀。因此，中小商业银行必须立足为中小企业和个人提供金融服务，充分享受国家小微企业的政策红利，大力发展"两小"业务，完善"小微信贷工厂"运营模式，研发特色产品，降低运营成本。而对于议价能力普遍较高的大型商业银行，需找准自身在国内商业银行中的发展定位，根据自身的发展特点制定下一步的发展规划，进一步取长补短，遵循市场化、安全性、实事求是和适时调整的原则，努力做到支撑市场定位战略的核心业务多元化，寻求"人无我有、人有我新、人新我特"的定位战略，不断创新金融工具，采取差异性兼市场补缺的战略，将独特的服务与技术优势融入与竞争对手相似的业务中。

首先是大力发展中间业务，优化收入结构。中间业务具有不占用资本、风险小、成本低等优点，商业银行的中间业务可以在原有客户基础上开展，为利率市场化提供新的利润增长点。在当前存贷款利差趋小的环境下，发展中间业务可以有效改善商业银行的资产负债结构，降低整体风险水平，拓宽利润收入来源，同时与传统存贷业务实现交叉销售。从国际经验看，中间业务将会成为未来商业银行的核心业务。据统计，发达国家在完成利率市场化改革后，其中间业务收入占比的平均值为40%～60%，大型银行可达60%～70%。因此，商业银行必须在保持传统业务稳定的基础上，逐步降低对息差收入的依赖，向更加重视中间业务发展转变。从服务功能、服务质量和服务范围上拓展，重点发展投资理财、财务顾问、服务保理、委托贷款、承销手续费等附加值高的业务品种，使经营收益逐步向以赚取服务费为主的方向转移。在目前的产业环境和行业政策下，商业银行应抓住机遇，以少量短期利益为代价实现长期竞争力的提升。

其次是实行多元化经营，提升精细化管理。多元化经营已经成为国际同业的重要利润来源，以资本市场业务为代表的综合经营成为国际同业的战略重点。随着利率市场化进程的加快，存贷利差将逐渐趋小，今后商业银行在传统信贷业务中分到的"蛋糕"将越来越小，商业银行的盈利空间会不断被压缩，因此必须实行多元化经营战略，发展信托、投资等资本市场业务，探索创新型非信贷产品，为商业银行创造新的利润增长点。随着中国金融市场和衍生工具的不断发展，投行业务、上市融资、债券承销、离岸人民币债券等资本市场业务的空间较大，商业银行应抓住机遇，进一步借鉴国际同业经验，逐步向精细化管理转变，拓宽收入来源，努力打造领先的多元化金融服务银行。一方面，拓展并细分资本业务的客户群，充分挖掘大型优质客户、创新型成长企业等客户的需求潜力，充分发挥投行业务和资本业务的优势，为对公客户及私人银行高端客户提供丰富的理财产品，带动传统商业银行业务发展；另一方面，积极关注政策动态，加快资产支持商票、私募债、中票、集合票据等投行业务的产品创新，拓展并购重组业务，以灵活的组合融资产品解决企业并购过程的资金需求，抢占市场先机。此外，商业银行还应建立科学的决策体系、内部控制机制和风险管理体制，加快推进机构扁平化和业务垂直化管理，努力向精细化管理推进。

再次是推进金融创新，提升集约经营水平。一方面，重点创新资产业务发展，推进企业投融资体制及相应的投融资方式、投融资工具的创新，有效支持自主创新及新兴企业的风险投资，积极创新银团贷款、并购贷款、融资性保函及保理融资等新型贷款形式，以适应市场经济条件下企业发展的需要。另一方面，进行存款工具和业务手段的创新，大力发展个人银行、企业银行和网上银行，推出高品位、多功能的金融工具，先进的转账支付手段能够为客户提供方便快捷的全方位服务。在表外业务创新方面，在大力提高汇兑、结算业务的服务效率和巩固传统业务的同时，大力开展回租租赁、经营租赁、杠杆租赁业务等服务种类，扩展业务范围，增加利润增长点。

最后是优化业务机构，大力发展零售业务。存贷款利差趋小的情况下，商业银行应积极调整客户结构和服务中心，由重视大客户向既重视大客户又重视中小客户转变，加快业务转型升级。一方面，大力增加零售业务比重，开展汽车消费信贷、资信、按揭等个人金融业务，拓展个人金融业务利润增长空间。另一方面，利率市场化改革步伐的加快使商业银行大型优质客户的贡献度降低，为保持较高的利差水平，商业银行应从中小企业融资需求及其风险特点出发，采取"大浪淘金、区别对待"的策略，大胆扶持有前景但因经济周期下行而暂时出现一定困难的中小企业，利用国家小微企业政策红利，深化"两小"业务战略，量身定制金融产品和服务方案，并通过有效的担保和提高贷款定价能力来控制风险。同时，商业银行还应不断创新信贷管理制度，改造风险管理工具，大力发展特色融资产品，不断改进对中小企业的金融服务。

二　提升服务质量

首先，提升银行业服务质量，要树立"消费者至上"的理念。一是银行业金融机构及从业人员要摆正"消费者在上、我在下"的位置。要承认并尊重"消费者主权"，公平对待消费者，"奉消费者为上帝"，善待消费者，树立并强化"消费者至上"的理念。二是要构建以消费者为中心的流程银行。这就需要对消费者群体进行细分，了解消费者的多样性需求，并针对其多样性需求研发多样性服务产品，设置相应的工作岗位、团队或部门机构，提供多样化服务产品，做好售后服务。三是每一服务环节、服务细节都要从消费者便利出发。"消费者至上"，要求每一个服务环节、服务细节的安排及操作必须从消费者便利出发。这就需要银行业金融机构及其广大从业人员换位思考并回答这一问题：包括安全考量在内的每一服务环节、服务细节的安排及操作，是否最大限度地为消费者提供了便利？是否让消费者满意舒适？

其次，银行业服务要最大限度地惠及最广大社会阶层，促进整个社会经济发展。一是惠及民众个人。随着人们收入水平的提高，民众个人的日常生活越来越离不开银行，生活质量的提高越来越依赖银行。因此，应大力发展服务民众个人的零售银行，为其提供便捷、高效的服务，把零售银行办成方便的、增进大众幸福的银行。二是惠及弱势群体。我国目前有贫困人口2000多万人，残障人员9000多万人，普惠银行必须充分考虑这个群体对银行服务的需求。当然，惠及弱势群体更应在信贷支持，尤其是小额信贷业务上支持弱势群体，激发其脱贫致富的激情和创业才情，不仅惠及他们自己，而且惠及他人。三是惠及中产阶级。世界各国发展的经验表明，"橄榄"形即"中产阶级"或"中等收入阶层"占多数的社会结构是社会稳定的根基。各国经验也表明，当经济发展到一定阶段，培育与壮大中产阶级，金融的作用日益重要。四是惠及小微企业。小微企业的发展具有很强的正外部效应，具有公共性特征，同时还包含巨大的商业机会。因此，商业银行必须从社会责任的高度关注小微企业，主动承担积极支持小微企业发展的社会责任，同时还必须从自身可持续发展战略的高度关注小微企业，善于发现并开发相应的商业机会，通过积极支持小微企业、惠及小微企业而实现自身的可持续发展。五是惠及"三农"发展。从世界各国的经验看，当经济发展到一定阶段，"转移农民、减少农民、富裕农民"势在必行。我国就进入了这样一个重要的发展阶段。与之相伴随的是农村非农产业、农业产业化、小城镇的发展，进而是大量农民工、新市民、农民企业家、小微企业的涌现，是千家万户创业热潮的掀起。这一发展过程无疑需要范围广泛的银行业金融方面的支持，尤其是小额信贷的支持。因此，我国银行业未来改革发展，必须充分考虑惠及"三农"发展。六是惠及社区发展。美联储前主席伯南克说，社区银行是美国经济的基石，美国的社区需要社区银行帮助其增长和实现繁荣。我国经济其实更需要这样的基石。美国社区银行的经验非常值得我国借鉴，我国银行业下一步的改革方向应是产生更多的社区银行，更多惠及社区。七是惠及低碳经济。保护环境，是各国转变经济发展方式、实现可持续发展的一种共识。发展低碳经济或绿色经济，也是我国经济社会进一步可持续发展的内在战略性要求。保护环境，支持低碳经济或绿色经济发展，对银行业而言，是义不容辞的重大社会责任，同时也是重大商业机会。八是惠及科技成果的研发及转化。经济社会的持续健康发展，包括低碳经济的发展，对科技进步贡献率的依赖呈递增趋势。科技成果的研发进而孵化为产品，需要投入生产，渗入产业或形成产业，环节繁多，费时、费力、费钱，前期投入高，而收入又在未来，成功概率低，风险大，这恰恰需要发挥金融跨时空交易的功效，跨时空聚集资源，支持其研发转化。科技成果产品化、产业化，并做大做强，进而对产业升级做出贡献，终究要凭借一定的企业载体，大规模产业升级定然表现为大量科技型企业的生长，这也需要金融助推，而升级版的中国银行业，理应在这方面大有作为。

最后，要打造智能银行，使银行业服务体系智能化。其一，智能银行发轫于信息化，致力于打造信息化银行，因此，应充分利用信息科技的最新成果，发展信息化银行。比尔·盖茨有关"商业银行将成为21世纪的恐龙"的说法，正是指信息科技的发展会使传统商业银行的优势丧失，但充分利用信息科技最新成果的商业银行显然正在摆脱这一宿命。信息技术的应用已成为银行业金融机构新的生存发展之道，成为其核心竞争力之一。基于信息技术平台，由银行卡、自助银行、电话银行、手机银行、网上银行等构成的电子银行，突破时空局限，为广大民众及各类经济实体提供全天候、全方位、智能化的服务，正在深刻地改变银行体系，同时也在深刻地改变人们的生活乃至生产经营活动方式。未来若干年，网上银行、手机银行或移动银行将是打造信息化银行进而打造智能银行的战略重点。其二，智能银行归根到底取决于银行人的智能，因此，应注重银行业从业人员队伍的智能化，致力于打造智能银行人队伍。智能银行人不仅要熟练掌握并操作一般银行业务，熟练掌握相关信息技术应用，而且要足智多谋，善于发现客户的有效需求，并针对各类服务难题提出有效解决方案，进而设计充满智慧的金融产品、金融市场乃至金融机构，以最大限度地发现并满足各类客户多样性、高难度的有效需求，为客户带来最大满足、舒适和幸福。总之，智能银行人应高度专业、智慧而能动。其三，智能银行之智能应体现在金融创新上，智能银行应该是不断创新的银行，因此，应鼓励银行在服务方面不断创新，致力于打造服务创新银行。在美国次贷危机引发的国际金融危机爆发前，金融界言必称金融创新，之后又有观点认为其危机是过度金融创新惹的祸，于是又讳言金融创新了。其实，金融创新并非美国次贷危机乃至国际金融危机的根本原因，服务民众及实体经济真实有效需求的金融创新不存在过度问题，而是多多益善。我国更不存在过度金融创新的问题，我国银行业在服务民众及实体经济的真实有效需求方面一直创新不足。因此，我国银行业金融机构应在服务方面加大创新力度。

三　混业经营是长期的发展趋势

就金融业运作本身而言，金融业本来就无分业、混业之分，金融业的基本功能或本质特征，在于将拥有富余资金者的资金导向需要资金进行生产性投资的人。作为一种资金中介，不管是从金融服务需求者的便利偏好出发，还是从金融服务供应方规模经济的要求考虑，混业经营都是金融业自身发展的内在要求；而分业经营制度是外在的、人为的干预，是特定经济环境下的产物。首先，经济全球化要求金融业打破单一的服务方式，提供全方位、一揽子业务服务，这对混业经营产生了巨大的需求。对比美国和德国，我们可以发现，一直坚持混业经营制度的德国，在国际金融业中的地位不断上升，而美国的分业经营制度却使其国际竞争力相对下降。事实上，其他原先坚持分业制度的发达国家，如英国和日本也早已纷纷完成了向混业经营的过渡。美国已经沦为工业化国家最后一个取消分业经营的国家。其次，利用银行与证券业不同的功能特性可实现优势互补。银行与证券业结合，实行混业经营，可发挥各自特性，实现优势互补，既能对经济减少负面影响，增加正面作用，又能保持金融体系的稳定，减少风险。另外，证券融资比重上升，银行融资比重呈下降趋势。1999 年国际证券融资占国际融资总额的 80%，而银行贷款由 20 世纪 80 年代前的 60% 下降到目前的 20%。对商业银行而言，分业制度限制了发展，混业经营制度才能够保证竞争优势。总之，《格拉斯－斯蒂格尔法案》的产生、发展和废除以及德国的成功经验都说明了由政府主导的强制性分业制度变迁，随着经济的发展和环境的变迁，终将为市场所不容，最后不得不因制度的不均衡而被淘汰和以废止告终。混业经营才是大势所趋。当然，混业经营的模式不是一成不变的，而是呈现多样化。混业经营的模式既有以德国为代表的全能型银行模式，也有以美国为代表的金融控股公司模式。应该说，不同的混业经营模式有各自的优缺点，混业经营也并非包治百病的灵丹妙药，对经营模式的选择应当根据各国自身的条件、发展阶段，审慎、合理地选择，以期在维护国家经济金融稳定、推动改革进程的前提下，渐进地实现金融混业经营目标。

四 金融监管不容忽视

金融监管的目的在于保护存款人（投资人）的利益，维护公众对金融体制的信心，促进金融体系提升效率，控制金融体系的整体风险。众所周知，金融安全正成为经济安全的核心，金融体系的安全、高效、稳健运行，对经济全局的稳定和发展至关重要。一旦金融失控，将有可能导致整个经济的失控，最终可能导致社会动荡。因此，建立科学规范、稳健可行的金融监督管理制度势在必行。有学者认为，混业经营制度只是 20 世纪 30 年代美国国会迫于来自公众的从根本上变革美国金融体制的压力而找到的"替罪羊"。实际上，银行只是 1929 年经济危机的受害者之一，而不是灾难的创始者。要知道，德国也同样经历了这场全球性的经济金融危机，但德国并未将混业经营制度视为罪魁祸首。事实上，市场经济固有的盲目性、无序性才是经济危机最为本质的起因。因此，美国当时最主要的问题并不在于混业经营制度，而是当时严重缺乏有效的内部和外部监管体系。而德国之所以能够一直坚持混业经营制度，其根本原因就在于德国建立了一套行之有效的统一监管制度。其实，美国推行分业经营制度也是为了方便监管，同样，美国能够在 1999 年出台《金融服务现代化法案》，彻底废除《格拉斯－斯蒂格尔法案》，也是由于美国从分业经营过渡到混业经营，历经 60 余年，其间银行、证券等监管当局对各自领域的监管已相当成熟、有效。即使如此，该法案也仍然根据混业经营的特点对监管体系进行了改革，以实现对金融服务领域的全面、统一的监管，适应了混业经营的发展趋势。美国是世界上对金融机构限制最少的国家，但金融监管的规则是最细的，美国因此而成为金融活动最为活跃和风险监控最为严格的国度。在现有金融交易技术越来越先进的情况下，金融机构越大、业务种类越多，就越会出现一些"出格"的现象，金融机构倒闭的风险也就越大，如"巴林银行倒闭事件""爱尔兰银行事件"等。从这个意义上可以说，混业经营导致的金融机构业务规模和业务范围的扩大，无疑也对在现代金融体制下对大金融机构进行监管提出了更高的要求。混业经营不等于没有限制。混业经营要受到金融消费者需求的限制，要受到金融制度安排和金融监管法律的限制。显然，金融混业经营为金融监管提出了新的课题和新的要求。目前世界各国对混业经营的监管还没有一个统一的模式，总的趋势是对混业经营的外部监管趋向于功能与机构的统一。德国的"四位一体"制度，强调协同监管及银行的"内在稳定性"。美国《金融服务现代化法案》的出台，标志着美国金融监管开始从机构分业监管转向功能监管，证券监管机构的目标是维持市场公平和秩序，银行业的监管则关注银行系统的安全和稳健状态。要实现混业经营，必须建立有效的、审慎的金融监管机制。混业经营取向需要建立包括政府、行业和社会三个层面的监管体系。政府有效的监管应建立在法律的基础上，是一种富有前瞻性的适度的监管。这就要求各监管机构协调配合，避免重复监管和出现监管真空，既要考虑监管效果，又要考虑监管成本。

第五节　金融创新是银行产业升级的动力

金融创新理论的基础是金融深化理论、理性预期理论和利率平价理论。发达资本主义国家的银行产业升级过程表明，金融创新是银行产业升级的根本动力。当前我国金融分业监管体制限制了金融创新的发展空间。

我国商业银行金融创新与发达国家商业银行金融创新的差距主要体现在，发达国家商业银行金融创新主要通过为客户创造价值而实现经营利润。商业银行作为客户金融市场风险管理者和金融资产管理者，要不断适应瞬息万变的金融市场，通过金融创新不断满足日益增长的客户需求，通过投资咨询、代理交易、金融租赁等非利息收入业务的创新不断满足金融市场多方面的服务需求。而我国商业银行目前受严格的金融分业监管的制约，金融综合类业务尚无法涉足，根本没有金融创新的空间为客户提供多种金融产品的"一站式"服务，经营的利润仍然依赖传统的存贷利差，通过单一的业务争夺客户，而在当前利率市场化改革不断深入、竞争日趋激烈的背景下，仅仅依靠传统业务发展促进企业效益增长已经难以为继。当前我国通货膨胀的影响逐渐显现，据国家统计局统计，2011 年居民消费指数上涨 5.4%，超过商业银行存款利率，居民存款负利率成为经济生活的常态，构成了对我国商业银行存款稳定性的威胁。自 2011 年初开始，我国商业银行均出现了存款下降的现象，由于金融创新的限制，我国商业银行主要依靠开发能够与直接融资产品结合的负债产品进行应对。据《金融时报》（2012 年 2 月 22 日）报道，普益财富数据显示，2011 年我国商业银行理财产品数量达到 19176 款，较 2010 年增长 71%；产品发行规模为 16.49 万亿元，较 2010 年增长 134%。

通过上述分析，我们可以得出以下结论：第一，银行产业升级是指银行产业以金融创新为动力，优化组合生产要素，持续提高银行运营效率，推进银行产业内部中、低级层次向高级层次转化的质变的进程；第二，当前我国金融分业监管体制限制了金融创新的发展空间；第三，我国银行产业缺乏金融创新，产业升级动力不足。因此，适度放开我国当前严格的金融分业监管政策，改革金融监管体制，对于促进我国金融创新、加快银行产业升级进程、提升银行产业效率具有重要的现实意义。

参考文献

［1］毕新华、赵雪飞：《全球金融危机下我国商业银行加强全面风险管理的对策及建议》，《东北师大学报》（哲学社会科学版）2009年第5期。

［2］卜伟、谢臻、段建宇：《我国银行产业升级及其影响因素研究》，《宏观经济研究》2016年第4期。

［3］曹凤岐：《改革和完善中国金融监管体系》，《北京大学学报》（哲学社会科学版）2009年第4期。

［4］曹小武、杜玉红：《金融混业经营模式的国际经验与中国现实选择》，《中州学刊》2008年第6期。

［5］曹永霞：《我国股份制商业银行经营绩效评价研究》，《北京工商大学学报》（社会科学版）2007年第6期。

［6］陈华、尹苑生：《国有银行改革：传统观点和一个全新视角——基于金融脆弱性理论的实证分析》，《经济体制改革》2006年第1期。

［7］陈丽娜、刘燕：《国有商业银行绩效评价的非财务指标评价体系研究》，《经济体制改革》2008年第4期。

［8］陈柳钦：《美国和德国金融制度变迁分析及其思考》，《经济研究参考》2005年第75期。

［9］陈柳钦：《美国金融混业经营的历程及其制度经济学思考》，《学习与实践》2006年第7期。

［10］陈柳钦：《我国金融制度创新的理论分析与实践选择》，《北华

大学学报》（社会科学版）2005 年第 2 期。

[11] 陈明森、陈爱贞、张文刚：《升级预期、决策偏好与产业垂直升级——基于我国制造业上市公司实证分析》，《中国工业经济》2012 年第 2 期。

[12] 陈全兴、王晓娜：《现代商业银行绩效评价框架——基于价值理论与多维视角的分析》，《金融论坛》2012 年第 3 期。

[13] 陈四清：《美国金融危机的深层次原因分析及对中国银行业的启示——兼论金融危机与新资本协议的关系》，《国际金融研究》2008 年第 12 期。

[14] 陈四清：《全球金融危机下中国商业银行竞争策略的若干选择》，《国际金融研究》2009 年第 6 期。

[15] 陈羽、邝国良：《"产业升级"的理论内核及研究思路述评》，《改革》2009 年第 10 期。

[16] 陈雨露、马勇：《混业经营与金融体系稳定性：基于银行危机的全球实证分析》，《经济理论与经济管理》2008 年第 3 期。

[17] 初苏华：《我国商业银行经营模式和增长方式的转变》，《当代财经》2007 年第 5 期。

[18] 戴群中：《德国全能银行制度及其对我国的启示》，《税务与经济》2007 年第 2 期。

[19] 戴晓芙：《大兼并与日本银行业的竞争新格局》，《现代日本经济》2008 年第 1 期。

[20] 邓念、郑明高：《金融混业经营研究》，《财经纵横》2010 年第 11 期。

[21] 杜传忠、郭树龙：《中国产业结构升级的影响因素分析——兼论后金融危机时代中国产业结构升级的思路》，《广东社会科学》2011 年第 4 期。

[22] 杜莉、高振勇：《金融混业经营及其监管：德国和英国的比较与借鉴》，《经济体制改革》2007 年第 2 期。

[23] 杜莉、王锋:《中国商业银行范围经济状态实证研究》,《金融研究》2002 年第 10 期。

[24] 段建宇:《我国银行产业发展阶段定位及升级路径分析》,《人民论坛》2012 年第 29 期。

[25] 段建宇:《现代银行产业发展阶段与特点分析》,《中国商贸》2013 年第 1 期。

[26] 段建宇:《中外银行产业升级比较研究》,北京交通大学博士学位论文,2008。

[27] 方莹、严太华:《中国银行业市场结构的实证分析与综合评价》,《财经理论与实践》2005 年第 2 期。

[28] 冯艳丽:《略论全球价值链外包体系与中国产业升级的动态关系》,《经济问题》2009 年第 7 期。

[29] 符贵兴:《制度变迁中的银行产业组织改善》,《财经研究》2002 年第 10 期。

[30] 高连和:《基于产权制度的国有商业银行效率研究》,《理论探讨》2005 年第 1 期。

[31] 高秦伟:《混业经营与中国金融监管体制的发展演进》,《中央财经大学学报》2007 年第 3 期。

[32] 高燕:《产业升级的测定及制约因素分析》,《统计研究》2006 年第 4 期。

[33] 高煜、杨晓:《国内价值链构建与区域产业互动机制研究》,《经济纵横》2012 年第 3 期。

[34] 葛秋萍、李梅:《我国创新驱动型产业升级政策研究》,《科技进步与对策》2013 年第 16 期。

[35] 辜胜阻、方浪、李睿:《我国物流产业升级的对策思考》,《经济纵横》2014 年第 3 期。

[36] 顾江:《全球价值链视角下文化产业升级的路径选择》,《艺术评论》2009 年第 9 期。

［37］ 郭元晞、常晓鸣、周萍、阙彬、袁静：《全球金融危机：我国产业转移和产业升级的思考》，《经济体制改革》2009 年第4 期。

［38］ 国家计委宏观经济研究院课题组：《促进我国工业结构调整和产业升级研究——家用电器和通信设备制造业的启示》，《管理世界》2001 年第 3 期。

［39］ 国务院发展研究中心"完善社会主义市场经济体制"课题组：《国有商业银行的风险控制与改革方向》，《中国经济时报》2003 年 7 月 29 日。

［40］ 哈斯：《混业经营趋势下中国金融监管模式创新研究》，《内蒙古社会科学》（汉文版）2014 年第 1 期。

［41］ 韩明、谢赤：《我国商业银行绩效考评体系研究》，《金融研究》2009 年第 3 期。

［42］ 韩嫄：《对我国银行业分业与混业经营的一些思考》，《中央财经大学学报》2000 年第 12 期。

［43］ 赫连志巍、宋晓明：《基于突变级数法的高新技术产业升级能力评价研究》，《科学学与科学技术管理》2013 年第 4 期。

［44］ 胡挺、王继康：《银信混业经营、价值创造与风险水平——以兴业银行并购联华信托为例》，《经济问题探索》2013 年第 12 期。

［45］ 黄伟群：《我国文化产业发展的主要影响因素实证分析》，《图书情报工作》2014 年第 10 期。

［46］ 黄先海：《纺织产业内升级的特征及启示》，《中国工业经济》1998 年第 7 期。

［47］ 黄晓勇、刘伟、温菲：《西部地区产业升级的动力机制分析——以重庆市为例》，《管理现代化》2012 年第 5 期。

［48］ 江静、刘志彪、于明超：《生产者服务业发展与制造业效率提升：基于地区和行业面板数据的经验分析》，《世界经济》2007 年第 8 期。

［49］ 姜桂珍：《金融脱媒背景下的商业银行经营转型》，《经济导刊》
2010 年第 8 期。

［50］ 姜泽华、白艳：《产业结构升级的内涵与影响因素分析》，《当
代经济研究》2006 年第 10 期。

［51］ 金毅：《中国银行体系绩效变迁：基于生产率的视角》，《特区
经济》2011 年第 5 期。

［52］ 靖学青：《上海产业升级测度及评析》，《上海经济研究》2008
年第 6 期。

［53］ 康芸、刘曼红：《对我国商业银行资金参与风险投资的思考》，
《科技进步与对策》2010 年第 21 期。

［54］ 李春燕、俞乔：《网络金融创新产品的市场扩散——针对银行
卡产品的实证研究》，《金融研究》2006 年第 3 期。

［55］ 李健旋：《不良贷款的成因与防控》，《中国金融》2014 年第
20 期。

［56］ 李江涛、孟元博：《当前产业升级的困境与对策》，《国家行政
学院学报》2008 年第 5 期。

［57］ 李晶：《外商制造业投资对国内产业升级产生正外部性的实证
分析》，《当代财经》2003 年第 12 期。

［58］ 李梦雨：《综合经营有助于提升商业银行绩效吗——国际经验
与我国实证》，《当代经济科学》2014 年第 2 期。

［59］ 李楠、孙艳梅：《后危机时代国有银行公司治理研究》，《理论
界》2010 年第 10 期。

［60］ 李石凯：《金融危机对美国银行产业的冲击：回顾与前瞻》，《国
际金融研究》2010 年第 12 期。

［61］ 李宋岚、刘嫦娥：《基于平衡计分卡的商业银行绩效考核分
析》，《财经问题研究》2010 年第 4 期。

［62］ 李维安、曹廷求：《商业银行公司治理：理论模式与我国的选
择》，《南开学报》（哲学社会科学版）2003 年第 1 期。

［63］ 李晓峰、王维、严佳佳：《外资银行进入对我国银行效率影响的实证分析》，《财经科学》2006 年第 8 期。

［64］ 李晓阳、吴彦艳、王雅林：《基于比较优势和企业能力理论视角的产业升级路径选择研究——以我国汽车产业为例》，《北京交通大学学报》（社会科学版）2010 年第 2 期。

［65］ 李新功：《影子银行对我国货币供应量影响的实证分析》，《当代经济研究》2014 年第 1 期。

［66］ 李一鸣、薛峰：《我国商业银行市场结构现状分析及其优化研究》，《中国工业经济》2008 年第 11 期。

［67］ 李勇强、孙林岩、赵丽：《电子及通信设备制造业升级的影响因素研究》，《现代管理科学》2009 年第 9 期。

［68］ 李志辉：《美国银行业经营与管理模式的变化动因分析》，《美国研究》2000 年第 3 期。

［69］ 连平：《利率市场化条件下商业银行经营发展与转型》，《上海金融》2013 年第 11 期。

［70］ 梁树广、李亚光：《中国产业结构变动的影响因素分析——基于省级面板数据的实证研究》，《经济体制改革》2012 年第 4 期。

［71］ 梁文宾、陈通、卢丽：《国外全能银行与我国商业银行的绩效比较及启示》，《经济纵横》2006 年第 10 期。

［72］ 林爱华：《我国商业银行金融创新动因分析及对策》，《金融经济》2009 年第 12 期。

［73］ 林秀梅、张亚丽：《文化产业发展影响因素的区域差异研究——基于面板数据模型》，《当代经济研究》2014 年第 5 期。

［74］ 刘红波：《混业经营：美国经验与中国实践》，《财经理论与实践》2004 年第 3 期。

［75］ 刘澜飚、宫跃欣：《影子银行问题研究评述》，《经济学动态》2012 年第 2 期。

［76］ 刘澜飚、王博：《基于金融功能观的我国国有银行改革范式转

换》,《南开学报》(哲学社会科学版) 2007 年第 6 期。

[77] 刘孟飞、张晓岚、张超:《我国商业银行业务多元化、经营绩效与风险相关性研究》,《国际金融研究》2012 年第 8 期。

[78]《刘明康在第四届公司治理国际研讨会上的讲话》,新华网,2007年 11 月 3 日,http://news. xinhuanet. com/fortune/2007 - 11/03/content_ 7007687. htm。

[79] 刘毅、于薇:《美中商业银行分业及混业经营的经验教训与我国未来经营模式的理性选择》,《现代财经》(天津财经大学学报) 2010 年第 5 期。

[80] 刘志彪:《产业升级的发展效应及其动因分析》,《南京师大学报》(社会科学版) 2000 年第 2 期。

[81] 刘志彪:《全球化背景下中国制造业升级的路径与品牌战略》,《财经问题研究》2005 年第 5 期。

[82] 刘志彪、张杰:《从融入全球价值链到构建国家价值链:中国产业升级的战略思考》,《学术月刊》2009 年第 9 期。

[83] 刘志彪、张晔:《中国沿海地区外资加工贸易模式与本土产业升级:苏州地区的案例研究》,《经济理论与经济管理》2005 年第 8 期。

[84] 刘宗华、邹新月:《中国银行业的规模经济和范围经济——基于广义超越对数成本函数的检验》,《数量经济技术经济研究》2004 年第 10 期。

[85] 隆国强:《全球化背景下的产业升级新战略——基于全球生产价值链的分析》,《国际贸易》2007 年第 7 期。

[86] 鲁明易:《分业经营和混业经营的选择——基于菲律宾金融混业经营的案例研究》,《国际金融研究》2005 年第 9 期。

[87] 鲁向东、张立洲:《金融业走向混业经营的战略构想》,《财经问题研究》2002 年第 11 期。

[88] 陆岷峰:《构建我国地方商业银行体系的重新思考》,《当代经

济科学》2008 年第 5 期。

[89] 陆晓明：《美国银行业如何应对经济周期波动持续稳健经营》，《国际金融》2005 年第 3 期。

[90] 陆晓明：《中美影子银行系统比较分析和启示》，《国际金融研究》2014 年第 1 期。

[91] 罗琰钦：《中国传统银行的经营转型之道——互联网金融视角》，《云南财经大学学报》2015 年第 1 期。

[92] 马健：《信息技术融合推动产业升级的动因分析》，《科学管理研究》2005 年第 1 期。

[93] 马艳华：《后危机时代我国产业升级的约束条件及对策研究》，《中国人口·资源与环境》2011 年第 S1 期。

[94] 马玉茹、夏杨：《金融制度变迁与中国银行业的混业经营趋势》，《财经问题研究》2003 年第 12 期。

[95] 〔美〕迈克尔·波特：《国家竞争力优势》，李明轩、邱如美译，华夏出版社，2002。

[96] 牛智敬：《政府主导型金融体制深化的路径依赖分析》，《南开经济研究》2004 年第 1 期。

[97] 欧阳琦：《中外银行竞争力比较》，《经济管理》2004 年第 3 期。

[98] 潘竟琴：《混业经营——我国商业银行发展的趋势》，《开发研究》2003 年第 2 期。

[99] 潘敏：《商业银行公司治理：一个基于银行业特征的理论分析》，《金融研究》2006 年第 3 期。

[100] 潘婷、朱涛：《外资银行进入对我国商业银行效率影响研究》，《金融经济》2011 年第 22 期。

[101] 潘悦：《在全球化产业链条中加速升级换代——我国加工贸易的产业升级状况分析》，《中国工业经济》2002 年第 6 期。

[102] 彭迪云、李阳：《互联网金融与商业银行的共生关系及其互动发展对策研究》，《经济问题探索》2015 年第 3 期。

[103] 彭欢：《我国银行体系改革的独特性》，《改革与战略》2011年第 8 期。

[104] 彭建刚、邹克、蒋达：《混业经营对金融业系统性风险的影响与我国银行业经营模式改革》，《中国管理科学》2014 年第 S1 期。

[105] 彭科：《国际金融危机背景下中国局部银行危机问题研究》，《金融论坛》2009 年第 7 期。

[106] 皮佳倩、杜靖川：《国外旅游产业竞争力研究述评》，《旅游学刊》2007 年第 12 期。

[107] 亓海鑫、王寒：《商业银行混业经营的消费者评价研究——基于服务品牌延伸的视角》，《中央财经大学学报》2013 年第 2 期。

[108] 齐天翔、杨大强：《商业银行效率研究的理论综述》，《财经科学》2008 年第 8 期。

[109] 乔桂明、吴刘杰：《多维视角下我国商业银行盈利模式转型思考》，《财经问题研究》2013 年第 1 期。

[110] 秦力：《规范私募基金需要良好的市场环境》，《经济学家》2002 年第 1 期。

[111] 曲慧敏：《国际银行业购并的动因分析》，《青岛科技大学学报》（社会科学版）2004 年第 4 期。

[112] 上官飞、舒长江：《基于因子分析的中国商业银行绩效评价》，《经济问题》2011 年第 1 期。

[113] 盛虎、王冰：《非利息收入对我国上市商业银行绩效的影响研究》，《财务与金融》2008 年第 5 期。

[114] 舒志军：《英国金融集团及其与德国金融集团的比较》，《国际金融研究》1999 年第 11 期。

[115] 孙建波：《我国商业银行上市的绩效分析》，《中国金融》2010 年第 6 期。

[116] 孙文远：《产品内价值链分工视角下的产业升级》，《管理世

界》2006 年第 10 期。

[117] 孙振峰：《国际金融混业经营趋势与中国金融业的发展》，《世界经济研究》2000 年第 5 期。

[118] 索红：《我国混业经营趋势下的金融监管及模式选择》，《求索》2012 年第 9 期。

[119] 唐晓云：《产业升级研究综述》，《科技进步与对策》2012 年第 4 期。

[120] 田中景、何萍：《中美金融经营体制变迁的比较分析》，《税务与经济》（长春税务学院学报）2001 年第 4 期。

[121] 童频、丁之锁：《中国商业银行流动性管理的特征及其制度背景》，《经济研究》2000 年第 9 期。

[122] 万丽娟、张变玲：《文化产业发展影响因素的实证分析》，《重庆大学学报》（社会科学版）2013 年第 6 期。

[123] 汪翀：《关于商业银行效率对绩效影响程度的实证研究》，《财政研究》2011 年第 7 期。

[124] 王常柏、纪敏：《金融资产同质性：关于全能银行的一个理论分析》，《金融研究》2002 年第 6 期。

[125] 王聪、邹朋飞：《中国商业银行规模经济与范围经济的实证分析》，《中国工业经济》2003 年第 10 期。

[126] 王海杰：《全球价值链分工中我国产业升级问题研究述评》，《经济纵横》2013 年第 6 期。

[127] 王赫一、张屹山：《两阶段 DEA 前沿面投影问题研究——兼对我国上市银行运营绩效进行评价》，《中国管理科学》2012 年第 2 期。

[128] 王洪生：《金融环境、融资能力与中小型科技企业成长》，《当代经济研究》2014 年第 3 期。

[129] 王鸿：《以金融控股公司作为国内商业银行混业经营的阶段性战略选择》，《北京工商大学学报》（社会科学版）2004 年第

3 期。

[130] 王菁、周好文:《非利息收入负向收益贡献度的实证解析——基于我国 12 家商业银行的模型检验》,《当代经济研究》2008年第 11 期。

[131] 王鹏:《利率市场化与商业银行公司金融业务转型》,《金融论坛》2012 年第 12 期。

[132] 王琪琼、王璐玲:《20 世纪 90 年代以来德国银行业的变革》,《国际金融研究》2001 年第 5 期。

[133] 王擎、吴玮、黄娟:《城市商业银行跨区域经营:信贷扩张、风险水平及银行绩效》,《金融研究》2012 年第 1 期。

[134] 王艺明、陈浪南:《金融机构混业经营绩效的全球实证研究》,《国际金融研究》2005 年第 7 期。

[135] 王永海、章涛:《金融创新、审计质量与银行风险承受——来自我国商业银行的经验证据》,《会计研究》2014 年第 4 期。

[136] 王元龙:《论国际银行业的发展趋势》,《国际金融研究》2002年第 3 期。

[137] 魏成龙、刘建莉:《我国商业银行的多元化经营分析》,《中国工业经济》2007 年第 12 期。

[138] 魏鹏:《我国上市银行中间业务收入发展现状——基于 10 家上市银行 2006～2007 年年报数据》,《财经科学》2008 年第9 期。

[139] 魏世杰、倪旎、付忠名:《非利息收入与商业银行绩效关系研究——基于中国 40 家银行的经验》,《未来与发展》2010 年第2 期。

[140] 吴福象、朱蕾:《技术嵌入、产业融合与产业结构转换效应——基于北京与上海六大支柱产业数据的实证分析》,《上海经济研究》2011 年第 2 期。

[141] 吴利军、方庆:《混业经营下的中国金融监管体制:国际比较

与路径选择》，《教学与研究》2012 年第 8 期。

[142] 吴盼、杜明星：《上海市产业升级影响因素研究》，《科技管理研究》2014 年第 3 期。

[143] 吴献金、苏学文：《金融创新与金融产业升级指标体系及效用分析》，《湖南大学学报》（自然科学版）2003 年第 3 期。

[144] 夏沁芳、朱燕南：《国际大都市产业结构演变规律及启示》，《中国统计》2010 年第 3 期。

[145] 鲜思东、杨春德：《基于 PLS 的商业银行 BSC 绩效评价》，《统计与决策》2010 年第 10 期。

[146] 项卫星、刘晓鑫：《中美金融关系的动态演进》，《当代亚太》2007 年第 11 期。

[147] 谢平、尹龙：《网络银行：21 世纪金融领域的一场革命》，《财经科学》2000 年第 4 期。

[148] 谢启标：《商业银行混业经营分析》，《中共中央党校学报》2008 年第 3 期。

[149] 谢升峰、李慧珍：《外资银行进入对我国银行业效率的影响——基于数据包络分析（DEA）的实证研究》，《经济管理》2011年第 4 期。

[150] 熊正德、刘永辉、钟宝贵：《基于 CCA－DEA 的商业银行绩效评价理论及其实证研究》，《当代财经》2008 年第 2 期。

[151] 徐东华：《我国产业转换与产业升级问题》，《经济管理》1999年第 5 期。

[152] 徐康宁、冯伟：《基于本土市场规模的内生化产业升级：技术创新的第三条道路》，《中国工业经济》2010 年第 11 期。

[153] 徐立平：《外资银行进入对内资银行绩效影响的文献回顾及实证研究》，《财经论丛》2007 年第 6 期。

[154] 许多奇、萧凯：《我国商业银行混业经营之模式选择与法律建构》，《华中科技大学学报》（社会科学版）2003 年第 3 期。

[155] 许冀艺、高清茳、白云：《制约产业升级的金融归因及其改善》，《企业经济》2011 年第 1 期。

[156] 宣文俊：《我国金融业混业经营的法律框架思考》，《法学》2005 年第 1 期。

[157] 薛超、李政：《多元化经营能否改善我国城市商业银行经营绩效——基于资产和资金来源的视角》，《当代经济科学》2014 年第 1 期。

[158] 薛海舟、赵薇：《中美金融业经营和监管体制的比较分析及启示——以金融危机和资产证券化为视角》，《宏观经济研究》2014 年第 2 期。

[159] 薛和生、丁浩舟：《论我国投资银行和商业银行的混业经营》，《上海师范大学学报》（哲学社会科学版）2006 年第 2 期。

[160] 闫新宇：《我国银行业市场结构分析》，《开封大学学报》2014 年第 1 期。

[161] 闫彦明：《中国商业银行业多元化经营绩效分析》，《上海经济研究》2005 年第 10 期。

[162] 杨大鹏：《国际银行业的发展趋势对我国银行业改革的启示》，《经济与管理研究》2006 年第 6 期。

[163] 杨立勋、陈晶、程志富：《西北五省区旅游产业绩效影响因素分析——基于面板数据分位数回归》，《旅游学刊》2013 年第 8 期。

[164] 杨仁发、刘纯彬：《生产性服务业与制造业融合背景的产业升级》，《改革》2011 年第 1 期。

[165] 杨淑萍、赵秀娟：《基于层次分析模型的商业银行绩效评价》，《求索》2009 年第 6 期。

[166] 姚秦：《金融控股公司：一个有效的混业经营制度安排——美国的经验及我国的选择》，《财经理论与实践》2001 年第 5 期。

[167] 姚战琪：《现阶段我国金融服务业的结构、效率及公共政策》，

《国际贸易》2006 年第 3 期。

[168] 叶辅靖：《全能银行所涉及的几个理论问题》，《国际金融研究》1999 年第 10 期。

[169] 叶祥松、晏宗新：《当代虚拟经济与实体经济的互动——基于国际产业转移的视角》，《中国社会科学》2012 年第 9 期。

[170] 尹亚红：《美国全能银行发展对我国银行业的启示》，《理论探讨》2007 年第 3 期。

[171] 应展宇：《中美金融市场结构比较：基于功能和演进的多维考察》，《国际金融研究》2010 年第 9 期。

[172] 于爱芝、程晓曦、刘莹、丁新萌：《北京都市农业的战略定位与路径选择》，《城市发展研究》2010 年第 9 期。

[173] 于明超、刘志彪、江静：《外来资本主导代工生产模式下当地企业升级困境与突破——以中国台湾笔记本电脑内地封闭式生产网络为例》，《中国工业经济》2006 年第 11 期。

[174] 余力：《从国际银行业的发展趋势看我国商业银行的改革方向》，《当代经济科学》2001 年第 1 期。

[175] 张沧丽、郭子忠、韩彦江：《后危机时代银行业综合经营的趋势》，《经济导刊》2011 年第 3 期。

[176] 张鸿飞：《西方金融业混业经营模式综述及其对我国的启示》，《经济视角》2011 年第 27 期。

[177] 张辉：《全球价值链理论与我国产业发展研究》，《中国工业经济》2004 年第 5 期。

[178] 张辉、任抒杨：《从北京看我国地方产业结构高度化进程的主导产业驱动机制》，《经济科学》2010 年第 6 期。

[179] 张江峰、刘海峰：《产业升级中地方政府的组织惰性研究》，《宏观经济研究》2010 年第 5 期。

[180] 张杰：《中国金融制度的结构与变迁》，山西经济出版社，1998。

[181] 张杰：《国有银行的不良债权与清债博弈》，《经济学家》1997

年第 6 期。

[182] 张杰：《民营经济的金融困境与融资次序》，《经济研究》2000
年第 4 期。

[183] 张杰：《制度、渐进转轨与中国金融改革》，中国金融出版社，
1999。

[184] 张杰：《中国国有银行的资本金谜团》，《经济研究》2003 年
第 1 期。

[185] 张杰：《注资与国有银行改革：一个金融政治经济学的视角》，
《经济研究》2004 年第 6 期。

[186] 张杰、刘志彪：《制度约束、全球价值链嵌入与我国地方产业
集群升级》，《当代财经》2008 年第 9 期。

[187] 张明志：《国际外包对发展中国家产业升级影响的机理分析》，
《国际贸易问题》2008 年第 1 期。

[188] 张鹏、于伟、徐东风：《我国省域旅游业效率测度及影响因素
研究——基于 SFA 和空间 Durbin 模型分析》，《宏观经济研
究》2014 年第 6 期。

[189] 张其仔：《比较优势的演化与中国产业升级路径的选择》，《中
国工业经济》2008 年第 9 期。

[190] 张强：《表外业务：新型商业银行经营模式》，《农村金融研
究》2003 年第 11 期。

[191] 张庆亮：《金融业混业经营趋势下农村信用社的创新与发展——
转向混业经营的合作金融》，《农业经济问题》2005 年第 6 期。

[192] 张润林：《混业经营是我国银行业发展的趋势》，《山西财经大
学学报》2001 年第 1 期。

[193] 张少军、刘志彪：《区域一体化是国内价值链的"垫脚石"还
是"绊脚石"——以长三角为例的分析》，《财贸经济》2010
年第 11 期。

[194] 张伟、刘志荣：《混业经营条件下金融监管效率的比较研究》，

《华东经济管理》2008 年第 12 期。

[195] 张向阳、朱有为：《基于全球价值链视角的产业升级研究》，《外国经济与管理》2005 年第 5 期。

[196] 张亚欣：《全能银行：我国银行业发展的必然选择》，《财贸经济》2001 年第 5 期。

[197] 张耀辉：《产业创新：新经济下的产业升级模式》，《数量经济技术经济研究》2002 年第 1 期。

[198] 张玉柯、史俊仙：《金融业经营制度演进路径的国际比较》，《学术交流》2012 年第 11 期。

[199] 赵保国、魏巍、曾建飞：《中国银行业混业经营趋势研究：金融制度变迁的视角》，《中央财经大学学报》2004 年第 2 期。

[200] 赵善华：《分业经营向混业经营转变条件下的金融监管》，《经济问题》2009 年第 4 期。

[201] 郑春东、亓海鑫、王寒：《商业银行混业经营的消费者评价研究——基于服务品牌延伸的视角》，《中央财经大学学报》2013 年第 2 期。

[202] 郑明纵：《国际资本流入与发展中国家的经济增长》，《福建师范大学学报》（哲学社会科学版）2000 年第 4 期。

[203] 中国工商银行上海市分行课题组：《混业经营制度下国有商业银行产品创新战略研究》，《金融论坛》2006 年第 10 期。

[204] 中国工商银行浙江分行办公室课题组：《国有商业银行经营转型研究》，《金融论坛》2007 年第 4 期。

[205] 钟廷刚：《混业经营——中国商业银行的未来走向》，《未来与发展》2002 年第 1 期。

[206] 钟伟：《四大行病根在哪里》，《新京报》2003 年 11 月 26 日。

[207] 周开国、李琳：《中国商业银行收入结构多元化对银行风险的影响》，《国际金融研究》2011 年第 5 期。

[208] 周学东、林文顺：《中国大型国有商业银行十年改革绩效评价

研究》，《上海金融》2014 年第 5 期。

[209] 朱卫平、陈林：《产业升级的内涵与模式研究——以广东产业升级为例》，《经济学家》2011 年第 2 期。

[210] 朱晓洋、邵一飞、杨青：《中国上市银行内部治理机制与综合绩效》，《经济管理》2010 年第 8 期。

[211] 字兰、黄儒靖：《基于 EVA 的我国商业银行经营绩效实证分析》，《统计与决策》2009 年第 23 期。

[212] Aggeler H. T., Feldman R., "Record Bank Profitability: How, Who and What does it Mean?", *Fedgazette*, 1998, 2.

[213] Allen L., Jagtiani J., "The Risk Effects of Combining Banking, Securities, and Insurance Activities", *Journal of Economics & Business*, 2000, 52 (6).

[214] Arthur E., Wilmarth Jr., *The Transformation of the U. S. Financial Services Industry*, 1975 – 2000: *Competition, Consolidation and Increased Risks*, Social Science Electronic Publishing, 2005.

[215] Bain, J. S., *Industrial Organization*, Harvard University Press, 1959.

[216] Berger A. N., L. F. Klapper and G. F. Udell, "The Ability of Banks to Lend to Informationally Opaque Small Businesses", *Journal of Banking & Finance*, 2001, 25.

[217] Berger, A. N., Humphrey D. B., *Bank Scale Economies, Mergers, Concentration, and Efficiency: The U. S. Experience*, Social Science Electronic Publishing, 1994.

[218] Berghe L. V. D., Verweire K., "Creating the Future with all Finance and Financial Conglomerates", *Kluwer Academic*, 1998.

[219] Boot A., Thakor A. V., Banking Scope, Financial Innovation, and the Evolution of the Financial System", C. E. P. R. Discussion Papers, 1995.

[220] De Young R., Roland K., "Product Mix and Earnings Volatility

at Commercial Banks: Evidence from a Degree of Total Leverage Model", *Journal of Financial Intermediation*, 2001, 10.

[221] Diamond D., P. Dybvig, "Bank Runs, Deposits Insurance and Liquidity", *Journal of Political Economy*, 1983, 91.

[222] Ernst D., *Technological Capabilities and Export Performance: Lessons from East Asia*, Cambridge: Cambridge University Press, 1998.

[223] Ernst D., "Catching-up and Post-Crisis Industrial Upgrading: Searching for New Sources of Growth in Korea's Electronics Industry", Economics Study Area Working Papers, 2000.

[224] Furfine, C. H., "Banks as Monitors of other Banks: Evidence from the Overnight Federal Fund Market", *Journal of Business*, 2001, 74.

[225] Gereffi, G., "International Trade and Industrial Upgrading in the Apparel Commodity Chain", *Journal of International Economics*, 1999, 48 (1).

[226] Gurley, J. and E. Shaw, *Money in the Theory of Finance*, Washington: Brookings Institution, 1960.

[227] Hill C. W. L., Hitt M. A., Hoskisson R. E., "Cooperative Versus Competitive Structures in Related and Unrelated Diversified Firms", *Organization Science*, 1992, 3 (4).

[228] Humphrey J., Schmitz H., "How does Insertion in Global Value Chains Affect Upgrading Industrial Clusters?", *Regional Studies*, 2002, 36 (9).

[229] Kane E. J., "Accelerating Inflation, Technological Innovation, and the Decreasing Effectiveness of Banking Regulation", *The Journal of Finance*, 1981, 36 (2).

[230] Ken Imai, Shiu Jingming, "A Divergent Path of Industrial Upgrading: Emergence and Evolution of the Mobile Handset Industry in

China", *ETRO*, 2007, 10.

[231] Klaus S., Martin C., Simon W., "Are Competitive Banking Systems More Stable?", *Journal of Money Credit & Banking*, 2006, 41 (4).

[232] Kwan S. H., Laderman E. S., "On the Portfolio Effects of Financial Convergence: A Review of the Literature", *Economic Review*, 1999, 11.

[233] Lang G., Welzel P., "Efficiency and Technical Progress in Banking Empirical Results for a Panel of German Cooperative Banks", *Journal of Banking & Finance*, 1996, 20 (6).

[234] Lehner M., Schnitzer M., "Entry of Foreign Banks and Their Impact on Host Countries", *Journal of Comparative Economics*, 2008, 36 (3).

[235] Lepetit L., Nys E., Rous P., et al., "The Expansion of Services in European Banking: Implications for Loan Pricing and Interest Margins", *Journal of Banking & Finance*, 2008, 32 (11).

[236] Levine R., "Financial Development and Economic Growth: Views and Agend"", *Journal of Economics and Literature*, 1997, 35 (2).

[237] Murshed M., Subagjo D., "Prudential Regulation of Banks in Less Developed Economies", *Development Policy Review*, 2000, 20 (3).

[238] Poon, TSC, "Beyond the Global Production Networks: A Case of Further Upgrading of Taiwan's Information Technology Industry", *Technology and Globalization*, 2004, 1 (1).

[239] Rosie S., C., Staikouras and G., Wood, "Non-income and Total Income Stability", Bank of England, Working Paper, 2003, No. 198.

[240] Saunders and Walter, *Universal Banking in the United State: What*

could We Gain? What could We Lose? New York：Oxford University Press，1994.

［241］ Stiroh K. J., Rumble A.，"The Dark Side of Diversification：The Case of US Financial Holding Companies"，*Journal of Banking & Finance*，2006，30（8）.

［242］ Stiroh K. J.，"Do Community Banks Benefit from Diversification?" *Journal of Financial Services Research*，2004，25（2）.

［243］ Tobin，J. and Golub，S. S.，Money，Credit and Capital，Mc-Graw-Hill Companies，Inc.，1998.

图书在版编目（CIP）数据

中国银行产业升级研究／段建宇，卜伟著. -- 北京：
社会科学文献出版社，2016.12
（北京交通大学北京产业安全与发展研究基地系列丛
书／李文兴主编）
ISBN 978 - 7 - 5201 - 0106 - 6

Ⅰ. ①中… Ⅱ. ①段… ②卜… Ⅲ. ①银行 - 产业发
展 - 研究 - 中国 Ⅳ. ①F832.1

中国版本图书馆 CIP 数据核字（2016）第 300536 号

北京交通大学北京产业安全与发展研究基地系列丛书
中国银行产业升级研究

著　　者／段建宇　卜　伟

出 版 人／谢寿光
项目统筹／周　丽　冯咏梅
责任编辑／冯咏梅

出　　版／社会科学文献出版社·经济与管理出版分社（010）59367226
　　　　　　地址：北京市北三环中路甲29号院华龙大厦　邮编：100029
　　　　　　网址：www. ssap. com. cn
发　　行／市场营销中心（010）59367081　59367018
印　　装／三河市尚艺印装有限公司

规　　格／开　本：787mm × 1092mm　1/16
　　　　　　印　张：12　字　数：166 千字
版　　次／2016 年 12 月第 1 版　2016 年 12 月第 1 次印刷
书　　号／ISBN 978 - 7 - 5201 - 0106 - 6
定　　价／69.00 元

本书如有印装质量问题，请与读者服务中心（010 - 59367028）联系